0~36 개월

DEP

조기중재 교육과정

6 인지

서소정 · 장혜성 · 하지영 공저

학지사

본 DEP 조기중재 교육과정은
경기도장애인종합복지관의 연구비 지원을 받아 간행되었습니다.

저·자·서·문

장애위험 영아를 조기에 선별하는 것과, 또 장애진단을 받은 영아의 발달수준을 정확하게 파악하여 적기에 중재교육을 제공하는 것은 매우 중요한 일입니다. 그러나 현재 우리나라에서 장애위험 영아를 선별(screen) 및 평가(assess)하기 위해 사용하고 있는 대부분의 도구는 아쉽게도 외국에서 개발한 것을 그대로 번역한 경우가 많습니다. 아울러 장애위험 영아와 장애영아를 위한 조기중재 교육과정 또한 외국 프로그램을 번역한 후 일부 내용만 수정 · 보완한 것을 사용하고 있는 실정입니다. 이에 우리나라 영아에게 적합한 선별 · 교육진단 도구의 개발 및 이와 연계한 통합적 조기중재 교육과정 개발이 절실하였습니다.

본 DEP 조기중재 교육과정은 2006~2007년도 2년(Phase I)간에 걸쳐 이루어진 '영아선별 · 교육진단검사의 개발' 연구와 연계하여, 단순히 영아의 현행 발달수준을 선별 또는 평가하는 것에서 나아가 선별결과에 기초해 보다 효과적인 조기중재로 이어질 수 있도록 이후 2008~2009년도 2년(Phase II)간, 총 4년이라는 긴 연구기간을 거쳐 완성된 것입니다.

본 DEP 조기중재 교육과정은 출생에서 36개월까지를 총 8개 월령단계로 구분하여 발달의 제 영역에 관련된 교육내용을 담았으며, 크게 다음과 같이 세 가지 차원의 개발목적을 설정하였습니다. 첫째, 장애위험 영아의 객관적이고 정확한 선별검사를 통한 결과에 기초하여 통합적이고 총체적인 발달적 지원을 제공함으로써 이후 이들이 심각한 장애로 이어질 수 있는 가능성을 줄이고자 합니다. 둘째, 이미 장애진단을 받은 영아를 위해 보다 체계적이고 효과적인 조기중재 지원을 제공하고자 합니다. 즉, DEP 조기중재 교육과정은 장애영아와 장애위험 영아가 취약한 부분인 영역의 발달을 촉진할 수 있는 구체적 지침을 제공하고 있습니다. 셋째, DEP 선별검사 결과에 기초하여 영아교육 및 보육 현장과 가정에서 일반 개별 영아의 개인 내 발달영역의 강점 및 약점을 파악함으로써 보다 효과적으로 지원하고자 합니다.

본 DEP 조기중재 교육과정 개발절차는 다음과 같습니다. 1, 2차년도 영아선별 · 교육진단검사(DEP) 개발의 후속작업으로 3차년도에는 영아선별 · 교육진단검사(DEP)와 동일한 6개 영역, 344개 문항에 대해 교육과정 프로그램을 개발하였습니다. 그 후 영유아발달 및 장애영아 특수교육 관련 전문가로부터 교육과정 전반에 관한 내용타당도를 검증받았습니다. 4차년도에는 장애진단을 받지는 않았지만 장애로 발전할 위험이 있는 영아와 이미 장애진단을 받은 영아를 대상으로 하여 어린이집과 장애인복지관 담당 교사가 16주간에 걸쳐 중재 교육프로그램을 실시함으로써 DEP 조기중재 교육과정의 효과성을 검증하고, 또 수정 · 보완할 내용에 대한 자문을 하였습니다. 또한 지체장애, 청각장애, 시각장애 전문가 및 영아발달 전문가로부터 교육과정 전반에 관한 자문을 두 차례 추가로 받은 후 최종 보완하여 완성하였습니다.

본 DEP 조기중재 교육과정은 총 7권으로 매뉴얼, 대근육 운동기술, 소근육 운동기술, 의사소통, 사회정서, 인지, 기본생활 편으로 구성되어 있습니다. 그리고 전체적인 DEP 조기중재 교육과정은 목표행동 성취의 중요성, 자료, 목표행동 성취를 위한 단계적 지도과정, 일상생활에서의 지도과정, 고려사항, 목표행동 성취 기준에 관한 내용으로 구성되어 있습니다.

본 DEP 조기중재 교육과정이 개발될 수 있도록 그동안 자문을 해 주신 여러 전문가 명단(가나다순)은 다음과 같습니다. 강주희(한빛맹학교 특수교사), 김미숙(양천장애인복지관 특수교사), 김미정(다운복지관 물리치료사), 김상진(전 서울장애인복지관 작업치료사), 김수경(곡교어린이집 언어치료사), 김영란(이화여자대학교 언어병

리학 박사과정), 김은혜(강동구보육정보센터 장애아통합 순회자문교사), 김진희(강남구립 청담어린이집 교사), 명경미(한국우진학교 특수교사), 민정화(강남구보육정보센터 보육전문요원), 박경아(서울농학교 특수교사), 송영희(양천장애인복지관 특수교사), 신세희(국방부청사어린이집 교사), 안미영(강남구립 청수어린이집 교사), 유미희(다운복지관 특수교사), 이소영(이화여자대학교 특수교육과 박사과정), 이하나(강남구립 청담어린이집 교사), 전미선(강남구립 청담어린이집 교사), 정수진(군포시립 고은어린이집 교사), 정은진(한빛맹학교 특수교사), 조은숙(동광어린이집 교사), 차은정(동대문구립 이문어린이집 교사), 최은정(명장어린이집 교사), 최한나(동대문구립 이문어린이집 교사), 탁은정(한국사회서비스관리원), 황지영(강남구보육정보센터 보육전문요원) 님께 지면을 빌려 다시 한 번 감사드립니다.

마지막으로 본 검사도구 및 교육과정 개발을 위해 4년 동안 꾸준하게 연구지원을 해 주신 경기도장애인종합복지관에 깊은 감사를 드립니다. 지난 4년간 경기도장애인종합복지관의 전폭적인 지원이 없었다면 DEP 검사도구 개발은 물론 이와 연계한 교육과정 개발은 불가능했을 것입니다. DEP 조기중재 교육과정이 현장 교사와 부모에게 영아의 현행 발달수준을 손쉽게 파악하도록 도와주고, 또 개별 영아에게 적절한 조기중재 프로그램을 지원할 수 있는 기초 자료로서 유용하게 활용될 수 있기를 기대합니다.

2010년 6월

저자 일동

후·원·의·글

예방적 복지를 향한 시금석이 되기를

지난 2006년 '영아선별 · 교육진단검사의 개발 및 연구'를 시작한 이후 벌써 4년이 지났습니다. 이 연구는 영아선별 · 교육진단검사(DEP)와 검사 후 조기중재 교육과정을 연계하여서 지도하기 위한 DEP 조기중재 교육과정의 개발을 가능하게 했습니다. DEP는 발달이 지체되거나 어려움을 겪는 영아를 조기 선별하여 적절한 시기에 조기개입하여 발달을 지원할 수 있다는 측면에서 커다란 의의가 있습니다.

국내에는 장애위험 영아와 장애영아를 위한 조기중재 교육과정이나 이와 관련한 진단검사도구가 전무한 실정이어서 그동안 외국에서 개발된 도구를 사용할 수밖에 없었고, 이에 따라 한국의 사회-문화적 특성이나 욕구를 반영하지 못하는 한계가 있었습니다. 이렇게 장애영아에 대한 조기 선별이나 교육진단검사의 부재는 우리에게 너무나도 절박한 과제였습니다. 이에 저희 복지관 내에 다양한 연구과제 가운데 특별히 DEP 개발에 관한 제안서에 적극적으로 공감하여 지원을 결정하였고 이제 오랜 산고 끝에 한국형 DEP를 개발함으로써 결실을 맺게 되었습니다.

장애영아의 발달 문제는 조기 선별하고, 조기 개입과 지원을 통하여 예방하고 최소화할 수 있습니다. 한국형 DEP는 0~36개월의 영아의 다양한 움직임과 발달상태를 관찰, 평가함으로써 영아가 적절한 발달과정을 밟고 있는지, 아니면 발달이 지체되는지 등 장애 진행 여부를 평가하고 선별해 낼 수 있는 유용한 진단검사

도구입니다. 또한 같은 연령대의 영아에 비해 어느 정도 발달이 늦는지 측정이 가능하고 담당 교사나 치료사, 부모 모두에게 좋은 길잡이가 되는 진단검사도구가 될 것입니다. 나아가 영아의 발달지체를 조기에 발견하고 조기 개입 및 지원하는 것은 아동발달의 촉진만이 아니라 가족 구성원의 이해와 성장에도 많은 도움이 될 것입니다.

DEP 조기중재 교육과정을 통하여 장애 조기 발견과 개입, 지원 프로그램의 개발과 실행이 이루어져 우리 사회의 장애인 복지 증진과 발전에 조금이나마 보탬이 되었으면 합니다. 또한 DEP가 장애영아를 가진 부모님과 장애인복지관, 영유아 장애인 생활시설, 그리고 특수학교 등에서 적극적으로 활용됨으로써 더욱 적절한 개입프로그램의 개발과 참여로 예방적 복지 실현의 시금석이 되기를 바랍니다.

마지막으로 인내를 가지고 꾸준하게 DEP 조기중재 교육과정 개발을 위해 애쓰신 가톨릭대학교 특수교육과 장혜성 교수님, 경희대학교 생활과학대학 아동가족학과 서소정 교수님, 그리고 경희대학교 대학원 하지영 선생님께 거듭 감사의 마음을 전합니다. 아울러 이 책이 출판될 수 있도록 기꺼이 도움을 주신 학지사 김진환 사장님과 편집부 여러분에게도 감사를 드립니다.

2010년 6월

경기도장애인종합복지관장 최영

일러두기

- 부모는 DEP 검사(장혜성, 서소정, 하지영, 2008)를 통한 교육과정 지도 시 우선적인 목표행동을 찾기 어려울 수 있으므로, 목표행동을 선정할 때 반드시 전문가의 도움을 받아야 합니다.
- 부모가 본 교육과정을 사용할 경우에는 전문가의 도움을 받는 것이 좋습니다. 'DEP 조기중재 교육과정'은 개별 영아의 요구에 적합한 지원을 제공하기 위해서 교사나 부모가 쉽게 영아를 지도할 수 있도록 구성하였습니다.
- 영아발달은 6개 영역(대근육 운동기술, 소근육 운동기술, 의사소통, 사회정서, 인지, 기본생활)이 별개로 발달하는 것이 아닙니다. 따라서 영아의 특성과 각 영역별 항목의 연계를 고려하여 6개 영역의 교육과정을 함께 지도할 수 있도록 계획하는 것이 효과적입니다.
- 장애영아의 경우 한 가지 목표행동을 성취하는 데 시간이 많이 걸리고, 6개 영역의 발달이 고르지 않을 수 있습니다. 따라서 너무 서두르지 말고 지속적으로 지도하는 것이 필요합니다.
- 장애 특성에 따라 특히 성취되기 어려운 항목이 있습니다. 그런 경우에는 영아 스스로 목표행동을 이루는 데 필요한 과정과 연관된 활동/행동을 했을 때, 그 순간을 놓치지 않고 언어적 칭찬과 비언어적 칭찬(예: 웃어 주기, 머리 쓰다듬기)을 동시에 해 줍니다.
- 목표행동 성취를 위해서는 영아의 눈높이에 맞추어 자세를 낮추거나 신체적 접촉 행동을 제공하고, 목표행동 성취를 위한 구체적 모델링 보여 주기 등을 실시합니다.
- 교육은 교육대상 영아가 졸린 상태이거나, 수유/이유식을 한 직후이거나, 낮잠에

서 깬 직후 등은 피하고 영아가 보다 활발하고 적극적으로 활동에 참여할 수 있는 최적의 시간을 선정하여 진행합니다.

- '목표행동 성취를 위한 단계적 지도과정'을 통해서 목표행동의 습득이 가능해지면 자연환경인 교육기관 또는 가정의 다양한 상황에서 연계하여 지도합니다. 교육활동 내용을 직접적으로 가르치려고 하거나 억지로 하지 말고 가능하면 일과 내에서 자연스럽게 지도합니다.
- 시각장애, 청각장애, 지체장애 영아의 경우는 '고려사항'을 참고하여 특히 주의하여 지도합니다.
- 한 가지 활동 안에서 가능한 한 여러 영역의 목표를 골고루 달성할 수 있는 방식으로 활동을 전개하면 좋습니다. 예를 들어, 부드러운 반투명 젤리를 사용하여 젤리의 촉감을 느끼게 함으로써 소근육 운동기술을, 젤리를 만져 본 느낌에 대해 이야기를 나눔으로써 의사소통기술을, 주양육자와 즐겁게 활동함으로써 사회정서 발달을, 먹는 젤리를 눈에 비춰 보아 색이 다르게 보이는 것을 관찰하고 먹지 못하는 다른 놀잇감을 비교하는 활동을 제시함으로써 인지발달을 지도합니다.
- 영아는 주양육자와 함께 일상생활 속에서 자연스러운 놀이활동에 참여함으로써 다양한 기술을 연습해 보는 기회를 가져야 합니다.
- 교육대상자인 영아의 흥미와 요구가 무엇인지 살펴 영아가 좋아하는 놀잇감이나 활동을 활용하여 지도할 때에 효과적인 교육이 가능합니다.
- 필요한 활동자료(예: 관련 놀잇감)를 제시할 때, 영아가 방해받지 않고 자신이 바라는 대로, 자신의 속도에 맞추어 활동자료를 충분히 탐색할 수 있도록 합니다.

차 · 례

5. 월령: 13~18개월 • 67

6. 월령: 19~24개월 • 81

7. 월령: 25~30개월 • 96

8. 월령: 31~36개월 • 115

01 월령: 0~3개월

1. 목표행동

홍미로운 물체를 응시한다.

◎ 목표행동 성취의 중요성

대부분의 시간을 누워서 위를 쳐다보고 지내는 영아의 경우 머리 위에 모빌 등의 홍미로운 물체를 매달아 주면 움직이는 사물을 응시하면서 시각 추적 능력을 향상시키는데, 이는 인지발달에 중요한 영향을 미친다.

◎ 자료

모빌, 움직이는 놀잇감(예: 움직이는 자동차), 소리 또는 빛이 나오는 놀잇감(예: 아기체육관)

◎ 목표행동 성취를 위한 단계적 지도과정

step 1 주양육자는 영아의 시야 20cm 이내 거리에 흥미로운 사물(예: 흑백 모빌, 눌렀을 때 소리가 나거나 튀어나오는 놀잇감)을 둔다.

step 2 주양육자는영아의 주의를 끌기 위해 사물을 살짝 흔들어 보인다.

step 3 주양육자는 소리나 빛이 나는 놀잇감의 경우 미리 조작한 후 보여 준다. 다른 사물도 같은 방법으로 반복해서 영아에게 보여 준다.

◎ 일상생활에서의 지도과정

기저귀를 갈아 줄 때 영아가 누우면 볼 수 있는 위치에 모빌을 달아 주거나, 영아와 놀아 줄 때 영아가 흥미로워하는 놀잇감이나 사물을 반복해서 볼 수 있도록 준비한다.

◎ 고려사항

영아의 경우 20cm 정도의 거리 내에서 사물을 식별하기 때문에 목표행동 평가 시 거리를 고려해서 사물을 보여 준다.

빛이 나는 놀잇감의 경우 자칫 강한 불빛이 영아의 시력 발달에 좋지 않은 영향을 미칠 수 있으므로 주의한다. 또한 천장에 달린 모빌의 줄이 너무 길면 영아의 목에 휘감겨 위험할 수 있으므로 모빌을 부착할 때 유의한다.

출생 시부터 뇌성마비 판정을 받은 영아의 경우는 자극을 보려 하는 과정에서 경직성이나 불수의적인 과도한 고개 움직임을 수시로 보일 수 있다. 따라서 처음에는 빛이나 소리 자극을 정방향이나 한쪽 방향에서 보여 주도록 하며, 좌우상하의 극단적인 방향을 피하도록 한다. 뇌성마비 영아가 빛에 반응을 보이는지 평가하기 위해서는 물체를 볼 때 영아의 눈동자가 정방향인지 살펴보아야 한다. 또한 소리가 날 때마다 영아가 사지를 움직이는지, 사물을 제시하면 사지가 조금이라도 움직이는지 보고 평가하도록 한다.

시각이나 청각 등 감각장애 영아의 경우는 소리나 빛을 이용하여 주의를 끌어 영아가 소리가 나는 쪽으로 고개를 돌리거나 빛이 나는 곳을 쳐다보는지 살펴본 후 이 항목의 목표행동을 평가한다.

시각장애 영아 중 잔존시력이 남아 있는 저시력 영아의 경우는 빛과 소리를 이용한 목표행동 평가가 가능하며, 시력을 완전히 상실한 전맹 영아의 경우는 소리자극에 대해 의미 있는 반응행동을 한다면 이 항목을 성취한 것으로 본다.

◎ 목표행동 성취기준

영아는 3초 이상 사물을 응시하는 행동을 하루 일과 중 최소 5회 이상 보인다.

2. 목표행동

이야기하고 있는 사람을 응시한다.

목표행동 성취의 중요성

시각과 청각이 기능적으로 관련되기 시작하면서 영아는 소리가 들리면 소리가 나는 방향으로 머리와 눈을 돌리게 되는데, 이러한 초기의 보기-듣기 협응은 청각적 · 시각적 집중력과 주의력 발달에 중요한 영향을 미친다.

자료

없음

목표행동 성취를 위한 단계적 지도과정

step 1 영아가 볼 수 있는 곳에 주양육자가 자리를 잡는다. 누워 있는 영아의 경우는 주양육자가 영아의 시야를 고려해 위치를 선정하거나, 잠시 영아를 안고 앉아서 영아가 주양육자를 볼 수 있도록 자세를 잡아 준다.

step 2 주양육자는 영아의 이름을 반복해서 부른다. 영아가 주양육자를 바라볼 때까지 목소리의 높낮이를 바꾸어 가며 부른다.

step 3 주양육자는 영아의 얼굴 가까이 다가가서 "까꿍" 등의 소리를 내고, 영아의 반응을 살펴가며 종소리, 손뼉 등 다양한 소리를 내어 영아가 쳐다보거나 고개를 돌리도록 유도한다.

일상생활에서의 지도과정

기저귀를 갈거나 수유할 때 주양육자는 영아에게 부드러운 목소리를 들려주고, 영아가 쳐다보거나 미소 짓는 등의 반응을 보이는지 살핀다. 얼굴을 맞대고 미소를 지으며 이야기하거나 노래(예: '곰 세 마리' 등 영아의 흥미를 끌 만한 동요)를 반복해서 불러 준다. 영아에게 재미있는 얼굴 표정(예: "까꿍" 하면서 얼굴을 가렸다 보여 주기)을 지어 보인다.

◎ 고려사항

목표행동을 성취하는지 판단할 때 과도한 청각적 자극(예: 과도하게 큰 목소리나 소리가 너무 자극적인 놀잇감)은 피하는 것이 좋다.

TV를 통한 청각 및 시각적 자극은 바람직하지 않으므로 12개월 미만 영아는 TV를 보지 않게 한다.

청각장애 영아의 경우는 청력 정도에 따라 주양육자의 목소리 크기를 조절하며, 고도난청 영아의 경우는 손동작이나 고개돌림으로 말하는 대상에게 일단 시선을 집중하는지 살펴본 후 응시하는 시간과 횟수를 늘려 나갈 수 있도록 조정한다.

시각장애 영아의 경우는 일상생활에서 마사지 등의 신체 접촉을 권장하며, 이야기를 할 때마다 주양육자가 영아의 손을 잡고 이야기하는 사람의 얼굴과 입술을 손으로 만질 수 있도록 해 준다. 이를 여러 번 반복한 후 주양육자가 영아의 손을 잡아 주지 않은 상태에서 이야기를 들려주었을 때 영아가 이야기하는 사람을 향해 손을 뻗는 것과 같이 의미 있는 행동반응을 보이는지 살펴본다.

◎ 목표행동 성취기준

영아는 3초 이상 소리 나는 곳을 향해 응시하는 행동을 하루 일과 중 최소 5회 이상 보이며, 새로운 소리에도 같은 반응(예: 고개를 돌려 쳐다보거나 미소 짓는 행동)을 보인다.

3. 목표행동

큰 소리가 나면 깜짝 놀란다.

◎ 목표행동 성취의 중요성

영아는 다양한 반사 능력을 갖추고 태어나며, 이러한 반사 능력 중 하나인 소리를 듣고 깜짝 놀라는 반응은 추후 영아의 청각적 반응이나 집중력에 중요한 영향을 미친다.

◎ 자료

타악기(예: 북, 실로폰), 다양한 박자와 장르의 음악

◎ 목표행동 성취를 위한 단계적 지도과정

- step 1 주양육자는 영아가 사물의 움직임보다 소리에 반응하는지를 알아보기 위해 주변 환경을 조용하게 한다.
- step 2 주양육자는 영아의 시야 밖에 있는다.
- step 3 주양육자는 큰 소리가 나는 타악기나 음악 소리 혹은 사람의 기침소리 등 다양한 소리 자극을 이용해 영아가 소리에 반응하도록 유도한다.

◎ 일상생활에서의 지도과정

문을 열고 닫을 때, 초인종이나 전화벨 소리 등 큰 소리가 났을 때 영아의 반응을 살펴본다.

양푼, 냄비 등을 주걱, 국자로 두드려 나는 소리를 들려준 후 영아의 반응을 살펴본다.

◎ 고려사항

너무 거칠고 큰 소리는 영아를 놀라게 하거나 혼란을 줄 수 있으며, 심한 경우에는 청력에 손상을 줄 수도 있으므로 주의한다.

◎ 목표행동 성취기준

영아는 큰 소리에 반응하여 놀라는 행동을 하루 일과 중 최소 5회 이상 보인다.

4. 목표행동

소리 나는 쪽으로 머리를 돌린다.

◎ 목표행동 성취의 중요성

사람 목소리나 어떤 소리에 반응하여 영아가 고개를 돌리는 것은 소리와 몸의 관계를 인식하여야 가능한 발달과정이며, 이는 영아의 인지과 운동 기능의 발달이 정상적으로 이루어지는지를 파악하는 데 중요한 역할을 한다.

◎ 자료

영아가 좋아하는 놀잇감 중 다양한 소리가 나는 놀잇감(예: 자동차, 악기, 손잡이 달린 종, 딸랑이)

◎ 목표행동 성취를 위한 단계적 지도과정

step 1 주양육자는 영아를 바닥에 바로 눕힌다.

step 2 주양육자는 영아의 귀 가까이에 소리가 나는 놀잇감을 놓고 영아가 소리 나는 쪽으로 머리를 돌리도록 유도한다.

step 3 주양육자는 영아의 주의를 끌기 위해 종, 방울, 손뼉 소리 등 다양한 소리를 사용한다.

◎ 일상생활에서의 지도과정

영아가 평소에 다양한 놀잇감을 가지고 놀이할 때, 놀잇감에서 소리가 나면 소리 나는 쪽으로 고개를 돌리는지 관찰한다.

◎ 고려사항

영아가 더 이상의 자극을 원하지 않는다는 신호를 보일 때(예: 졸리거나 배가 고파 울 때)를 잘 관찰하여 지나치게 과도한 자극을 제공하지 않도록 주의한다.

목의 움직임이 제한적인 운동장애 영아의 경우는 눈동자의 움직임을 통해 소리에 반응하는지 주의해서 살핀다.

시각장애 영아의 경우는 소리 나는 놀잇감을 만질 수 있도록 해 주고 소리가 날 때마다 소리가 나는 방향으로 영아의 고개를 돌려 준다. 시각장애 영아는 소리가 나는 방향으로 고개를 돌려 눈으로 반응하기보다 귀를 가까이 대거나 손을 뻗어 소리 나는 놀잇감을 만지려는 경향이 있다. 저시력 영아의 경우는 눈동자의 흔들림을 비롯한 시각적 반응과 고개를 돌리는 행동을 살피고, 전맹 영아의 경우는 고개를 돌리는 행동과 같은 반복적인 반응행동이 나타나는지 살펴본다. 시각장애 영아는 청각이 예민하므로 소리의 크기를 조절해 주어야 한다.

청각장애 영아의 경우는 머리 돌리는 행동이 나타나기 어려울 수 있으므로 대신 얼굴표정, 손짓, 움찔하는 행동반응을 유의하여 관찰한다. 또한 소리의 강도와 음조를 고려하여 놀잇감 선정에 유의한다.

◎ 목표행동 성취기준

영아는 소리가 나는 방향으로 고개를 돌려 눈으로 그 대상을 찾거나, 사물이 놓여 있을 때 그 물건을 잡는 행동을 하루 일과 중 최소 5회 이상 보인다.

5. 목표행동

물체나 사람이 있다가 없어지면 없어진 곳을 계속 쳐다본다.

◎ 목표행동 성취의 중요성

이 시기의 영아는 대상영속성 개념(사물이 시야에서 사라져도 계속 존재함을 인지하는 것)이 아직 완전히 형성되지 않았으므로, 눈앞에 사물이 있다가 사라져도 계속 그 장소를 쳐다본다. 이는 대상영속성 개념 발달을 위한 준비과정이며, 대상영속성 개념이 형성되면 이러한 행동은 자연스럽게 없어지면서 사물이 있던 장소가 아니라 없어진 그 사물을 찾게 된다.

◎ 자료

영아가 좋아하는 놀잇감 중 색이 선명한 놀잇감(예: 봉제 인형, 공), 수건, 포대기, 이불, 보자기 등

◎ 목표행동 성취를 위한 단계적 지도과정

step 1 주양육자는 영아 앞에서 놀잇감을 보여 주며 천천히 좌우로 움직인다.

step 2 주양육자는 영아가 보는 앞에서 놀잇감을 떨어뜨리며 "○○야, 공 어디 있어?"라고 말한다.

step 3 주양육자는 5초 정도 기다리며 영아의 반응을 살핀 후, 다시 놀잇감을 보여 주며 "어! 공 여기 있네."라고 말한다.

step 4 주양육자는 영아가 놀잇감을 쳐다보거나 사라진 장소를 보면 영아에게 놀잇감을 가까이 가져가 만질 수 있도록 유도한다.

step 5 주양육자는 처음 유도했던 반대쪽에서 같은 행동을 반복한다.

◎ 일상생활에서의 지도과정

놀잇감과 보자기 또는 신문지 등을 활용하여 놀잇감 찾기 놀이를 한다. 주양육자는 신문지, 보자기, 가구 뒤로 숨었다 나타났다를 반복하며 '까꿍놀이'를 한다.

◎ 고려사항

영아가 찾기 활동에 흥미를 가질 수 있도록 놀이나 게임처럼 재미있게 만들어 진행한다.

시각장애 영아의 경우는 놀잇감을 손에 대어 주고 만지게 한 다음 놀잇감을 조금 뒤로 뺀 상태에서 영아가 놀잇감을 찾기 위해 손을 내미는 등의 의미 있는 행동 반응을 보이도록 유도한다.

◎ 목표행동 성취기준

영아는 눈으로 놀잇감을 따라가다가 놀잇감이 사라진 지점을 3초 이상 응시하는 행동을 하루 일과 중 최소 5회 이상 보인다.

6. 목표행동

누워 있을 때, 2개의 놀잇감을 보여 주면 번갈아 쳐다본다.

◎ 목표행동 성취의 중요성

눈앞에 제시된 2개의 놀잇감을 영아가 번갈아 보도록 유도하는 활동은 영아의 사물 식별 능력 및 시각 추적 능력을 향상시키는 데 중요한 역할을 한다.

◎ 자료

영아가 좋아하는 놀잇감(예: 색이 선명한 인형, 소리 나는 놀잇감 자동차)

◎ 목표행동 성취를 위한 단계적 지도과정

step 1 주양육자는 영아를 바닥에 바로 눕힌다.

step 2 주양육자는 영아의 시선에서 30cm 떨어진 지점에 놀잇감 두 개를 제시한다. 이때 놀잇감은 서로 15cm 간격으로 떨어뜨려 둔다.

step 3 주양육자는 영아의 주의를 끌기 위해 놀잇감 두 개를 살며시 흔들며 영아의 반응을 세심하게 관찰한다.

◎ 일상생활에서의 지도과정

이 시기의 영아는 형태보다는 색에 예민하게 반응하므로 침대 위 천장에 색이 선명한 모빌을 양쪽으로 걸어 주며 자주 색을 바꿔 준다. 이때 영아의 시선이 몰릴 수 있으므로 모빌 사이의 거리는 15cm 이상을 유지한다.

놀잇감을 사용하기에 앞서 두 명의 양육자(예: 엄마, 아빠)가 영아에게 동시에 관심을 끄는 행동을 하여 영아가 눈동자를 이동하며 번갈아 응시하게 한다.

◎ 고려사항

뇌성마비 영아의 경우는 사물을 보기 위해 고개를 움직일 때 계속하여 불수의적인 움직임이 나타나 머리를 움직여서 쳐다보는 데 어려움이 있으므로 제시하는 두 개의 놀잇감 사이의 간격을 약간 더 멀게 한다.

시각장애 영아 중 저시력 영아의 경우는 근거리에서 빛이 나는 놀잇감을 제공하고, 전맹 영아의 경우는 각각 다른 두 가지 소리를 최대한 간격을 벌린 상태에서 번갈아 가며 들려주어 소리가 나는 방향으로 고개를 돌리거나 손을 뻗도록 유도한다. 또한 모빌의 높이를 낮춰 영아가 만져 볼 수 있도록 배려한다.

◎ 목표행동 성취기준

영아는 한 놀잇감을 쳐다보다가 30초 이내에 다른 놀잇감을 쳐다보거나 손을 뻗어 잡으려는 행동을 10회 시도 중 최소 8회 이상 보인다.

02 월령: 4~6개월

1. 목표행동

부분적으로 숨겨진 물체를 찾아낸다.

◎ 목표행동 성취의 중요성

움직이는 물체의 이동 경로와 앞으로의 위치를 예상하는 것은 시각 추적 능력이 확대되어야 가능한 행동이며, 덮개 뒤에 부분적으로 숨겨진 물체를 찾아내는 것뿐만 아니라 덮개에 부분적으로 가려진 물체를 보고서도 물체를 알아볼 수 있게 하는 데 중요한 역할을 한다.

◎ 자료

영아가 좋아하는 놀잇감이나 사물, 큰 수건이나 천, 이불

◎ 목표행동 성취를 위한 단계적 지도과정

step 1 주양육자는 식탁이나 낮은 책상 위에 놀잇감을 놓는다.

step 2 주양육자는 수건이나 천을 사용하여 놀잇감을 부분적으로 가린다.

step 3 주양육자는 영아가 놀잇감에 주의를 기울이게 한 후 "○○야, 뺑뺑이 있니?"라고 물으며 반응을 살핀다.

step 4 주양육자는 영아가 단순히 덮개를 벗겨서 가지고 놀거나 또는 숨겨진 놀잇감에 전혀 관심을 보이지 않을 경우에는 덮개를 다른 것으로 교체하거나 놀잇감을 영아가 좋아하는 것으로 바꾼 다음 동일한 방법으로 활동을 시도한다.

◎ 일상생활에서의 지도과정

주양육자가 이불을 부분적으로 뒤집어쓰고 "○○야, 엄마 어디 있을까?"라고 물으며 찾는 등 다양한 숨기-찾기 놀이(예: 까꿍놀이)를 한다.

◎ 고려사항

간혹 영아가 숨겨진 놀잇감보다는 덮개에 관심을 둘 수 있다. 따라서 영아의 행동을 잘 관찰하여 만약 영아가 덮개를 가지고 놀거나 주양육자의 칭찬을 받기 위해 덮개를 벗겨 내는 것이라면, 덮개 아래 숨겨진 사물을 기억하고 찾으려는 행동이 가능해질 때까지 다음 단계로 넘어가는 것을 보류한다.

뇌성마비 영아나 손 기능에 선천적 문제가 있는 지체장애 영아의 경우는 물체를 손으로 만지는 활동을 하는 데 어려움이 많으므로 처음에는 영아의 손이 쉽게 닿을 수 있는 곳에 놀잇감을 놓고 덮개를 씌어 주양육자가 영아의 손이나 발을 같이 잡고 벗기는 활동을 해 본다.

시각장애 영아의 경우는 좋아하는 물건의 일부분을 만지게 해 주고 영아가 스스로 물건을 잡으려고 할 때 물건을 살짝 치워서 영아가 물건을 찾기 위해 손을 뻗도록 유도한다.

◎ 목표행동 성취기준

영아는 천이나 수건으로 부분적으로 숨겨진 놀잇감을 본 다음 찾아내는 행동을 10회 시도 중 최소 8회 이상 보인다.

2. 목표행동

평소에 싫어하거나 무서워하는 물건을 보여 주면 밀치거나 운다.

◎ 목표행동 성취의 중요성

영아가 싫거나 무서운 사물을 보고 밀치거나 우는 행동을 보이는 것은 사물에 대한 좋고 싫음, 즉 선호도가 생겨야 가능한 발달과정이며, 이는 사물 식별력 및 단기 기억력이 발달되었음을 나타낸다.

◎ 자료

영아가 싫어하는 사물, 색이 자극적인 가면이나 그림(예: 무서운 표정의 남자 얼굴 사진이나 그림)

◎ 목표행동 성취를 위한 단계적 지도과정

step 1 주양육자는 잘 보이는 곳에서 영아의 주의를 끈다.

step 2 주양육자는 영아가 평소에 싫어하거나 무서워했던 사물을 제시하며 반응을 살핀다.

step 3 주양육자는 영아가 무서워하며 사물을 밀치면 종료하고, 사물에 별다른 관심이 없으면 다른 사물로 바꾸어서 영아의 반응을 살핀다.

◎ 일상생활에서의 지도과정

이 시기에는 영아에게 다양한 자극을 변별하는 능력이 생기게 되므로 일상생활에서 다양한 책이나 그림을 제공하여 여러 가지 시각 자극을 경험하도록 한다. 이때 영아가 너무 무서워하며 울거나 거부하면 활동을 중단하고 안정을 찾도록 도와준다.

◎ 고려사항

이 시기의 영아는 친숙한 사람과 낯선 사람을 구별하기 시작하며 사람의 외관상의 특성을 점차 인식하기 시작한다. 따라서 영아의 심리적인 면을 고려하여 싫어하거나 무서워하는 자극에 과도하게 노출시키지 않도록 한다.

시각장애 영아의 경우는 다양한 촉감의 사물을 만지게 한 다음 영아가 제시된 사물을 밀치거나 우는 행동을 보이는지 살펴본다.

◎ 목표행동 성취기준

영아는 동일한 사물을 보고 싫어하거나 무서워하여 울거나 밀치는 행동을 10회 시도 중 최소 8회 이상 보인다.

3. 목표행동

손에 닿지 않는 곳에서 구르고 있는 물체를 쳐다보고 잡으려고 한다.

◎ 목표행동 성취의 중요성

영아가 좋아하는 물건을 영아의 손이 닿지 않는 곳에 놓아 두고 잡도록 유도하는 활동은 영아의 눈과 손의 협응 능력 및 주의집중 시간을 향상시켜 인지 능력을 발달시키는 데 중요한 역할을 한다.

◦ 자료

조작할 때마다 소리가 나는 놀잇감, 색이 선명한 공, 놀잇감 자동차, 기차

◦ 목표행동 성취를 위한 단계적 지도과정

step 1 주양육자는 놀잇감을 영아의 손이 닿을 만한 거리에 두고 영아의 반응을 살핀다.

step 2 주양육자는 영아가 울거나 흥미를 보이지 않으면 그 전보다 더 가까운 곳에 놀잇감을 두어 흥미를 가지도록 유도한다.

step 3 주양육자는 영아가 노력하여 놀잇감을 만지면, 놀잇감의 거리를 좀 더 멀리 떨어뜨려 놀잇감을 잡으려고 손을 뻗도록 유도한다.

step 4 주양육자는 영아가 좋아하는 놀잇감을 줄에 매달아 영아가 누워서 손을 뻗어 만질 수 있도록 한다.

◦ 일상생활에서의 지도과정

물건을 목표물로 하여 손을 뻗는 행동을 유도하기 이전에, 영아가 다른 사람의 품에서 주양육자의 품으로 옮겨 가기 위해 손을 뻗는 행동을 할 기회를 먼저 준다.

영아가 좋아하는 놀잇감을 영아에게 줄 때, 손에 바로 쥐어 주기보다는 먼저 영아가 놀잇감에 손을 뻗어 잡을 수 있도록 유도한다. 이때 놀잇감이 잡히지 않아 영아가 울려고 한다면 그 전에 도움을 주며 거리를 좁힌다.

◎ 고려사항

영아가 놀잇감을 갖기 위한 행동을 스스로 할 때 너무 쉽게 놀잇감을 건네주지 않도록 한다. 이때 영아가 좌절하지 않도록 놀잇감은 너무 멀지 않은 곳에 떨어뜨려 두는 것이 좋으며 약간의 도움을 준다.

시각장애 영아의 경우는 빛 또는 소리가 나는 놀잇감을 제공하며 가까운 곳에서 소리를 들려주다가 영아가 반응을 보이면 소리를 점점 더 멀어지게 하여 영아의 반응이 지속되는지 살핀다.

◎ 목표행동 성취기준

영아는 다양한 사물을 대상으로 하여 목표물을 얻기 위해 손을 뻗는 행동을 하루 일과 중 최소 5회 이상 보인다.

4. 목표행동

누워 있을 때, 보이는 곳에 놀잇감을 떨어뜨려 주면 그것을 가지려고 한다.

◎ 목표행동 성취의 중요성

놀잇감을 잡으려고 손을 뻗는 것과 같은 목적이 있는 행동을 보이는 것은 자신의 활동이나 행동이 사물에 미치는 인과관계를 알기 시작하면서 나타나는 발달과정이며, 이는 현재 일어나고 있는 일과 앞으로 일어날 일의 관련성을 인지하는 능력을 향상시킨다.

◎ 자료

영아가 좋아하는 놀잇감, 색이 선명한 공, 모빌

◎ 목표행동 성취를 위한 단계적 지도과정

step 1 주양육자는 영아를 바닥에 바로 눕힌다.

step 2 주양육자는 영아의 주의를 끌기 위해 소리 나는 놀잇감이나 색이 선명한 인형을 영아의 눈앞에서 흔든다.

step 3 주양육자는 영아가 놀잇감을 잡으려고 손을 뻗거나 몸을 뒤집어 손을 뻗는지 잘 살핀다. 거리가 너무 멀면 쉽게 포기할 수 있으므로 거리를 적당하게 조절해 준다.

step 4 주양육자는 모빌이나 끈을 사용하여 천장에 좋아하는 놀잇감을 매달아 영아가 잡고 만질 수 있게 해 준다.

◎ 일상생활에서의 지도과정

기저귀를 갈 때나 얼굴을 마주 볼 때 영아가 주양육자의 얼굴을 만질 수 있도록 해 준다.

차량을 이용해 이동할 때 카시트에 놀잇감을 부착하여 영아가 붙잡고 만질 수 있도록 한다.

◎ 고려사항

이 시기 영아는 뻗기 행동이 발달하므로, 위험한 물건은 영아의 손이 닿지 않는 곳으로 치워 둔다.

시각장애 영아의 경우는 지속적으로 소리가 나는 멜로디 기능이 있는 놀잇감을 가까이에 놓아 두고 소리를 들려준 후 영아가 놀잇감에 손을 뻗는지 살펴본다.

◎ 목표행동 성취기준

영아는 자신의 주변에 떨어진 놀잇감에 관심을 보이고 손을 뻗어 잡으려는 행동을 10회 시도 중 최소 8회 이상 보인다.

5. 목표행동

앉혀 놓았을 때, 자신 앞에 있는 딸랑이를 흔들어서 소리를 낸다.

◎ 목표행동 성취의 중요성

영아가 자신 앞에 있는 딸랑이를 잡아 흔드는 것은 보기-잡기와 관련된 손과 눈의 협응이 발달되어야 가능한 행동이며, 이는 사물을 눈으로 보면서 동시에 사물을 향해 손을 가져가서 잡는 능력을 향상시킨다. 영아는 눈에 보이지 않지만 손에 닿는 것은 무엇이든 눈앞으로 가져와 시각적 탐색을 하려고 하는데, 이러한 손과 눈의 협응 능력은 주변 환경을 탐색하고 학습하는 데 중요한 역할을 한다.

◎ 자료

다양한 종류의 딸랑이, 손으로 누르면 소리가 나는 삑삑이 인형(예: 과일모형, 동물모형, 악기모형), 흔들 때 소리가 나고 길쭉한 손잡이나 고리가 달린 놀잇감

◎ 목표행동 성취를 위한 단계적 지도과정

step 1 주양육자는 영아를 뒤에서 부드럽게 안고 앉은 자세를 취한다.

step 2 주양육자는 영아의 손이 닿는 곳에 딸랑이를 놓는다.

step 3 주양육자는 영아의 주의를 끌기 위해 딸랑이를 흔들며 “와, 소리 나

네, 딸랑딸랑" 하고 말한다.

step 4 주양육자는 영아가 손으로 잡을 수 있도록 도움을 준 후 스스로 흔들어 보게 한다.

◎ 일상생활에서의 지도과정

잘 사용하지 않는 주방용품 중 깨지지 않는 것(예: 나무 숟가락, 플라스틱 컵, 냄비)을 주어 스스로 두드려 보게 한다.

다양한 질감의 바닥(예: 방바닥, 카펫 위, 책상)에서 나는 소리를 들으며 놀이할 수 있도록 해 준다.

◎ 고려사항

이 시기 영아는 스스로 앉기를 시도하지만 개인차가 있으며, 아직 허리 근력이 약하기 때문에 오랜 시간 동안 앉혀 놓지 않도록 주의한다.

뇌성마비 영아의 경우는 이 시기에 앉기와 고개 가누기가 어려우므로 보호자가 뒤에서 안아서 앉히며, 이때 앉는 자세와 고개를 잡아 주는 도움을 같이 해 준다.

또한 딸랑이의 손잡이를 쉽게 잡을 수 있도록 잡기도구를 제공하여 뇌성마비 영아나 상지마비 지체장애 영아가 쥐는 데 도움을 주어야 한다. 이때 영아의 손목에 무리가 가지 않도록 가벼운 딸랑이를 선택한다.

시각장애 영아의 경우는 딸랑이를 함께 잡고 흔들어 소리를 듣게 한 다음, 주양육자가 영아에게 딸랑이 소리를 들려주거나 영아의 손에 딸랑이를 대어 주었을 때, 손을 뻗어 잡고 흔드는 행동이 나타나는지 본다.

◎ 목표행동 성취기준

영아는 놀잇감을 손에 쥐고 흔드는 행동을 10회 시도 중 최소 8회 이상 보인다.

6. 목표행동

특별한 요구를 표시하기 위해 상황에 따라 다른 형태의 울음을 보인다.

◎ 목표행동 성취의 중요성

영아는 엄마와 같이 친숙한 대상에게 강한 정서적 유대감, 즉 애착을 형성해 나가게 된다. 이러한 과정에서 영아는 애착 대상에게서 자신의 욕구를 충족시킴으로써 신체적 · 정서적 안정을 찾게 되는데, 욕구가 성취되면 긍정적 감정(예: 기쁨, 즐거움)을, 좌절되면 부정적 감정(예: 화남, 짜증, 공포)을 보이면서 사회적 인지발달을 이루어 나간다.

◎ 자료

없음

◎ 목표행동 성취를 위한 단계적 지도과정

step 1 주양육자는 영아가 다양한 표정을 짓거나, 손뼉을 치는 등의 어떤 행동을 할 때 영아의 행동을 모방하면서 즉각적인 호응이나 해결책을 제공한다.

step 2 주양육자는 영아의 다양한 반응에 민감하게 반응하면서 영아의 욕구를 말로 표현(예: "우리 ○○가 배가 고파서 우는구나!" "우리 ○○ 응가 했어요!")해 준 다음 욕구를 즉시 해결해 준다.

◎ 일상생활에서의 지도과정

주양육자는 일과 중 영아의 행동에 대해 긍정적으로 반응할 기회를 찾는다. 영아가 졸리거나 배가 고파서 울 때 즉각적으로 반응하면서, 영아의 욕구나 신체 상태를 말로 표현하고 해결해 주어 영아가 심리적 안정을 느끼도록 해 준다.

주양육자가 여러 명이라면 영아의 울음 형태 혹은 특성을 서로 공유하여 일관성 있게 반응하며, 영아의 생리적 주기(예: 수유 시간, 낮잠 시간, 배변 시간)를 주의 깊게 관찰하여 일관성 있게 대처한다.

◎ 고려사항

이 시기의 영아는 자기의 요구를 울음으로 나타내는 의사소통 형태를 가진다. 그러므로 영아가 울 때 버릇이 나빠진다고 무시하기보다는 민감하게 반응하여 영아가 타인에 대한 신뢰를 쌓도록 돕는다.

◎ 목표행동 성취기준

영아는 자신의 욕구나 신체 상태(예: 배고픔, 졸림, 아픔)에 대해 주양육자가 구별할 수 있도록 신호를 보내는 행동을 하루 일과 중 최소 5회 이상 보인다.

03 월령: 7~9개월

1. 목표행동

한 손에 쥐고 있던 놀잇감을 다른 손으로 옮긴다.

◎ 목표행동 성취의 중요성

블록을 쥐고 한 손에서 다른 손으로 옮기는 것은 사물의 항상성을 이해해야만 가능한 행동이며, 이는 사물을 조작할 수 있음을 인식하는 초기 단계로서 소근육 운동기술도 함께 발달시킨다.

◎ 자료

영아가 평소에 쉽게 쥘 수 있으며, 좋아하는 놀잇감(예: 고무나 플라스틱으로 만든 고리 끼우기, 누르면 소리 나는 놀잇감, 가볍고 질긴 천 놀잇감, 작은 원판, 고리에 끼워진 열쇠, 서로 맞물려 있는 고리, 손으로 쥐는 꼭지 있는 공, 역할 놀잇감, 줄이 달려 있

는 떨어뜨리는 놀잇감), 친숙한 사물(예: 이유식 순가락, 그릇)

◎ 목표행동 성취를 위한 단계적 지도과정

step 1 주양육자는 영아의 한 손에 놀잇감을 놓는다.

step 2 영아가 놀잇감을 가지고 놀거나 양손으로 잡고 있으면 주양육자는 영아가 원래 잡고 있던 손으로 옮겨 잡게 한다.

step 3 영아가 놀잇감을 옮겨 잡지 못하면 주양육자는 영아가 옮겨 잡을 수 있도록 신체 도움을 제공하며 이 과정을 반복한다.

◎ 일상생활에서의 지도과정

하루 일과 중(예: 기저귀를 갈 때, 자동차 카시트나 유모차에 앉아 있을 때) 영아가 놀잇감을 잡을 수 있는 기회를 찾아 영아에게 쥐어 준다. 놀잇감을 다른 손으로 옮겨 잡는지 관찰한 후 놀잇감을 한 손에 쥐어 주면 다른 손으로 옮겨 쥐는 것을 번갈아 하도록 격려하거나 신체 도움을 제공한다.

◎ 고려사항

이 시기의 영아는 아직 우세 손이 발달되기 전으로 양손을 사용한다. 따라서 오른손 사용만을 강요하기보다는 양손을 사용하도록 격려하는 것이 좋다.

뇌성마비 영아나 상지마비 지체장애 영아의 경우는 손목에 무리가 가지 않는 가벼운 놀잇감을 선택한다. 처음에는 이들 영아의 쥐는 힘을 도와주기 위해 주양육자가 영아의 손을 감싸 주면서 놀잇감을 잡거나, 잡기도구를 이용하여 놀잇감을 쉽게 잡을 수 있도록 배려한다.

청각장애 영아의 경우는 한 손에 놀잇감을 쥐고 있으면, 다른 손등을 톡톡 건드려 주는 동작으로 다른 손에 대한 관심을 유도하거나, 손등이나 손바닥에 스티커 등을 붙여 주어 활동에 흥미를 가지도록 유도한다.

시각장애 영아의 경우는 목표행동은 동일하나 목표행동 성취를 위해 주양육자가 영아의 손을 잡아 옮겨 잡기를 반복해서 훈련시킨다.

◎ 목표행동 성취기준

영아는 한 손에 쥐고 있던 물건을 다른 손으로 옮기는 행동을 10회 시도 중 최소 8회 이상 보인다.

2. 목표행동

놀잇감이나 냄비 등을 두들기면서 논다.

◎ 목표행동 성취의 중요성

영아는 주변의 사물을 입으로 가져가 물거나 손으로 두드리는 등 다양한 방법으로 탐색하며 사물을 식별해 나간다. 놀잇감이나 냄비 등을 두드리는 것 역시 사물을 탐색하고 식별할 수 있어야 가능한 행동으로서 인지발달에 중요한 영향을 미친다.

◎ 자료

두드렸을 때 소리가 나는 놀잇감(예: 북 같은 타악기, 실로폰), 다양한 재질의 주방용품, 소리 나는 역할놀이 영역 소품(예: 소리가 나는 음식 놀잇감)

◎ 목표행동 성취를 위한 단계적 지도과정

step 1 주양육자는 영아가 보는 앞에서 소리가 나는 놀잇감을 이용해 두드리면서 소리가 나는 과정을 시범 보인다.

step 2 주양육자는 영아가 놀잇감을 반복해서 두드리며 놀 수 있게 해 준다.

step 3 주양육자는 두드려서 나는 소리(예: 두두두, 바바바)를 영아가 따라 할 수 있도록 시범을 보이며 모방하도록 격려한다.

◎ 일상생활에서의 지도과정

주방용품 중에 다양한 소리가 나는 것(예: 나무 숟가락, 플라스틱 컵, 냄비)을 활용한다. 이때 잘 사용하지 않는 주방용품을 영아가 놀이활동에 활용하도록 영아의 주변에 놓아 둔다.

◎ 고려사항

주방용품의 경우 두드려서 깨지기 쉬운 것(예: 유리용기)은 위험하므로 활용하지 않는 것이 좋다.

뇌성마비 영아나 상지기능 장애 영아의 경우는 손목에 무리가 가지 않는 범위 내에서 잡기도구를 제공한다.

청각장애 영아의 경우는 높고 작은 소리보다는 낮고 큰 소리가 나는 사물을 두드려 소리를 들을 수 있게 한다. 또한 수수깡 조각이나 마카로니 등 작은 조각을 냄비, 북 등의 두드리는 면 위에 올려 두고 이를 두드려서 나는 울림에 따라 영아가 어떠한 시각적 반응을 보이는지 함께 살펴본다.

시각장애 영아의 경우는 먼저 주양육자와 함께 악기를 두드려 보게 하여 소리가 나는 경험을 하게 한다.

◎ 목표행동 성취기준

영아는 두드려서 소리가 나는 놀잇감이나 사물을 주었을 때 두드리는 행동을 하루 일과 중 최소 5회 이상 보인다.

3. 목표행동

놀잇감을 수건으로 덮으면 들추어서 찾아낸다.

◎ 목표행동 성취의 중요성

영아가 보는 앞에서 사물을 수건으로 덮으면, 이전 단계의 영아는 그 사물을 존재하지 않는 것으로 여겨 찾으려는 관심을 보이지 않는 반면, 이 시기의 영아는 수건을 들추어서 사물을 찾게 된다. 이는 사물이 시야에서 사라져도 존재하고 있다는 것을 인식하게 되었음을 의미하는데, 이는 대상 연속성의 기존 개념을 획득했다는 점에서 중요한 의미를 지닌다.

◎ 자료

영아가 좋아하는 놀잇감이나 주변의 흥미로운 사물, 수건이나 보자기 같은 천 종류

◎ 목표행동 성취를 위한 단계적 지도과정

step 1 주양육자는 영아가 좋아하는 놀잇감이나 흥미로운 사물을 보여 준다.

step 2 주양육자는 영아가 놀잇감을 잡으려고 손을 뻗으면 덮개로 놀잇감을 덮는다.

step 3 주양육자는 영아가 놀잇감을 갖기 위해 덮개를 벗겨 내는지 단순히 덮개를 가지고 노는지 관찰한 후 반복해서 활동할 수 있도록 해 준다.

step 4 만약 영아가 가려진 놀잇감에 관심을 보이지 않는다면, 주양육자는 놀잇감을 덮었다 보여 주었다를 반복하면서 "○○야, 빵빵 자동차 어디 있나? 아! 여기 있네!" 하며 영아의 반응을 살핀다. 그래도 반응을 보이지 않으면 다른 놀잇감이나 사물로 교체하여 시도한다.

◎ 일상생활에서의 지도과정

주양육자는 이불 밑에 숨어서 "까꿍" 소리를 내며 숨고-찾기 놀이를 한다.

◎ 고려사항

숨고-찾는 활동에 관심을 가져서 덮개를 들추는 것이 아니라 덮개를 가지고 놀기 위해 덮개를 들추는 행동을 하는 영아도 있으므로, 만약 영아가 덮개에 흥미가 있는 것이라면 다른 덮개로 교체해서 활동을 시도한다.

지체장애 영아의 경우는 처음에는 영아의 손이 쉽게 닿을 수 있는 곳에 덮개를 씌운 놀잇감을 두고, 주양육자가 영아의 손이나 발을 같이 잡고 덮개를 벗기는 활동을 해 본다.

시각장애 영아의 경우는 덮개의 재질이 영아가 선호하거나 혹은 거부하는 촉감이 아닌 것으로 제시하고, 놀잇감은 소리가 나면서 영아가 좋아하는 놀잇감을 사용한다.

◎ 목표행동 성취기준

영아는 덮개 밑에 완전히 가려진 놀잇감을 찾아내는 행동을 10회 시도 중 최소 8회 이상 보인다.

4. 목표행동

기능이 다른 두 가지 놀잇감을 가지고 적절하게 논다.

◎ 목표행동 성취의 중요성

영아는 새로운 사물이 주어지면 적극적으로 탐색하면서 사물의 구조적 · 기능적 속성을 점차 인지하게 된다. 즉, 기능이 다른 놀잇감을 적절하게 다룰 수 있을 때까지 영아는 다양한 방법으로 놀잇감을 탐색하며 터득한 방법으로 그 기능을 익혀 나간다. 따라서 다양한 기능을 가진 놀잇감을 제공하여 영아가 이를 적극적으로 탐색하고 놀이할 수 있도록 하는 것은 영아의 인지발달에 중요한 영향을 미친다.

◎ 자료

딸랑이, 줄을 잡아당기면 소리가 나는 놀잇감, 모양구멍이 난 사각상자 등

◎ 목표행동 성취를 위한 단계적 지도과정

step 1 주양육자는 영아에게 서로 다른 자극에 다른 반응을 보이는 놀잇감(예: 모양구멍이 난 사각상자)이나 조작할 때 각각 다른 청각적 · 시각적 효과를 보이는 놀잇감을 보여 준다.

step 2 주양육자는 놀잇감의 기능(예: 모양구멍에 블록 끼워 놓기, 줄을 잡아당겨 소리 나게 하기)을 영아에게 시범으로 보여 준다.

step 3 주양육자는 영아 스스로 놀잇감을 탐색할 기회를 준다.

step 4 영아가 시범을 보인 대로 행동하지 않으면 주양육자가 다시 시범을 보이며 신체 도움을 제공한다.

step 5 주양육자는 영아에게 두 개의 놀잇감을 주고 영아가 어떤 행동을 하는지 관찰한 후, 제대로 조작하지 못하면 주양육자가 시범을 보이고 도움 제공을 반복하며 실시한다.

◎ 일상생활에서의 지도과정

일과 중 영아가 다양한 기능을 가진 놀잇감에 흥미를 보이며 놀이하는지 관찰한다. 주양육자는 영아의 여러 시도를 격려하면서 놀잇감의 기능에 대해 시범 보이며 손을 잡고 함께 조작해 본다.

◎ 고려사항

영아의 운동발달은 아직 미성숙하므로 영아가 손쉽게 다룰 수 있는 놀잇감을 선택하여 좌절보다는 성공감을 느끼도록 해 준다.

운동장애 영아의 경우는 놀잇감을 선택할 때 더욱 심사숙고하여 살짝만 만져도 바로 반응을 보이는 놀잇감을 제공한다.

청각장애 영아의 경우는 영아가 놀잇감을 탐색할 때 소리가 나거나, 소리와 연결된 조작활동할 수 있는 놀잇감을 선정한다(예: 링을 끼우면서 소리 나는 놀잇감, 돌리거나 누르면 소리 나는 놀잇감).

시각장애 영아의 경우는 놀잇감의 감촉이 영아가 싫어하는 재질이 아닌 것으로 활용한다.

◎ 목표행동 성취기준

영아는 기능이 다른 놀잇감 두 개를 적절하게 조작하는 행동을 하루 일과 중 최소 5회 이상 보인다.

5. 목표행동

통 속에 있는 놀잇감을 가지고 놀기 위해서 통을 쏟는다.

◎ 목표행동 성취의 중요성

이 시기의 영아는 이전에 비해 사물 간의 관계 또는 그 사물과 자신의 활동 간의 인과관계를 더욱 적극적으로 인식하기 시작한다. 통이나 상자 속에 있는 놀잇감을 가지고 놀기 위해 상자를 거꾸로 뒤집어서 쏟는 행동은 이러한 사물(예: 통이나 상자-놀잇감) 간의 관계를 인식하는 것이며, 사물을 얻기 위해 통이나 상자를 뒤집는 행동을 하는 것도 자신의 행동이 사물에 미치는 영향을 인식한 행동이다.

◎ 자료

통에 담긴 블록이나 레고, 놀잇감과 정리 상자, 바구니

◎ 목표행동 성취를 위한 단계적 지도과정

step 1 주양육자는 영아에게 놀잇감(예: 블록)을 제공한다.

step 2 주양육자는 영아가 놀이하던 놀잇감을 영아가 보는 앞에서 통에 담는다.

step 3 주양육자는 통에 담긴 놀잇감을 꺼내기 위해 통을 뒤집는 행동을 시범 보인다.

step 4 주양육자는 영아가 모방할 수 있도록 통을 영아의 손 가까이에 놓는다.

step 5 주양육자는 영아가 관심 없이 놀잇감만 가지고 놀 경우에 다시 통에 담았다가 쏟는 시범을 보인 후 영아와 번갈아 가며 놀잇감을 통에 담고 손을 잡아 쏟아 본다.

◎ 일상생활에서의 지도과정

영아가 자주 놀이하는 놀잇감을 통에 담아 놓는다. 주양육자가 통을 보여 주며 놀잇감을 꺼내서 놀이하자고 제안한 후 영아가 통에 담긴 놀잇감을 꺼내도록 기회를 준다.

◎ 고려사항

영아가 좋아하는 놀잇감이 그 안에 있는 것을 시각적으로 확인할 수 있는 투명한 통을 사용하는 것이 좋다. 통에 넣는 놀잇감은 쏟아져도 깨질 우려가 없는 것이어야 하며, 통은 영아가 들 수 있는 무게와 크기여야 한다.

앉기 자세가 어려운 뇌성마비 영아나 지체장애 영아의 경우는 주양육자가 뒤에

서 영아를 껴안듯이 안아 주어 놀잇감 통을 만질 수 있는 자세를 만들어 준다. 그 후 영아의 손을 같이 잡고 통을 뒤집는 활동을 해 보며 영아가 성취감을 맛볼 수 있게 해 준다.

시각장애 영아의 경우는 지도과정에서 시범을 보이는 것이 아닌 직접 경험해 보는 연습 기회를 제공하고 놀잇감의 재질 및 감촉을 고려한다.

◎ 목표행동 성취기준

영아는 놀잇감을 가지고 놀기 위해 통을 쏟는 행동을 하루 일과 중 최소 5회 이상 보인다.

6. 목표행동

최소 3분 동안 동일한 놀잇감을 가지고 논다.

◎ 목표행동 성취의 중요성

사물을 탐색하고 조작해 보려고 시도하는 것은 그 사물에 대한 주의집중 시간을 증가시킨다. 따라서 영아가 일정 시간 동안 한 가지 사물이나 놀잇감을 탐색하고 놀이하는지를 관찰하는 것은 영아의 인지발달 정도를 파악하는 데 중요한 역할을 한다.

◎ 자료

영아가 좋아하는 놀잇감, 놀잇감 차나 기차 등 움직이는 놀잇감, 영아용 책(촉감, 소리, 크기가 다양한 책)

◎ 목표행동 성취를 위한 단계적 지도과정

step 1 주양육자는 영아가 놀잇감 차의 움직이는 모습을 관찰할 수 있도록 해 준다.

step 2 영아에게 놀잇감 차를 주고 놀이하는 모습을 관찰한다. 관심이 없으면 주양육자가 다시 한 번 놀잇감 차를 미는 시범을 보이면서 "○○야, 빵빵 가네, 빵빵 가 보자." 하며 언어적 촉진을 제공한다.

step 3 영아가 여전히 놀잇감에 흥미를 보이지 않으면 주양육자는 평소에 영아가 좋아하는 놀잇감을 제시하며 위와 같은 과정을 반복한다.

step 4 영아가 놀잇감을 가지고 놀이를 시작하면 주양육자는 영아의 곁에서 "○○는 책을 좋아하는구나."라고 격려한 후 놀이에 방해되지 않도록 잠시 물러난다.

◎ 일상생활에서의 지도과정

목욕하는 시간을 이용하여 욕조 안에 물에 잘 뜨는 놀잇감이나 플라스틱 컵, 블록 등 흥미로운 놀잇감을 두어 영아가 흥미를 가지고 반복해서 놀이할 수 있도록 해 준다. 영아가 자주 누워서 활동하는 장소의 손이 닿을 만한 높이에 끈으로 풍선을 달아 주어 움직여 보도록 한다.

◎ 고려사항

아직 스스로 앉지 못하는 영아의 경우는 이유식 의자에 앉아서 놀잇감을 가지고 스스로 놀이하는지 관찰할 수 있다. 가끔 영아가 아무 이유 없이 사물을 흔들거나 던지는 것을 반복하는 경우가 있는데, 이는 적절한 목표행동이 아니므로 영아가 의도적으로 놀잇감을 조작하려고 시도하며 놀이하는지를 파악한 후 지도한다.

시각장애 영아의 경우는 놀잇감이 굴러가서 영아 스스로는 찾을 수 없게 되었는데도 계속하여 찾으려는 행동을 보인다면 주양육자가 놀잇감을 영아 가까이에 놓아 주고 놀잇감 위치를 알리는 소리를 들려줌으로써 놀이가 지속되도록 유도한다.

◎ 목표행동 성취기준

영아는 3분 동안 동일한 놀잇감으로 놀이하는 행동을 하루 일과 중 최소 5회 이상 보인다.

04 월령: 10~12개월

1. 목표행동

바닥이나 탁자 위에 있는 놀잇감을 다른 놀잇감으로 두드린다.

◎ 목표행동 성취의 중요성

블록을 컵에 넣고 컵을 흔들어서 소리를 낸다거나, 놀잇감을 다른 놀잇감으로 두드리는 등의 행동을 보이는 것은 영아가 사물 간의 관계와 그 사물과 자신의 활동 간의 관계를 인식해야 가능한 행동이다. 이러한 영아의 반복적 행동은 자신의 행동이 사물에 어떠한 영향을 미칠 수 있는지에 관한 인과관계를 인지해 나가는 과정에서 중요한 역할을 한다.

◎ 자료

영아가 좋아하는 손으로 잡기 편한 놀잇감(예: 긴 손잡이가 있거나 고리가 있는 놀

잇감), 두드리면 소리가 나는 놀잇감(예: 북, 영아용 실로폰, 캐스터네츠, 심벌즈, 리듬 막대, 탬버린)

◎ 목표행동 성취를 위한 단계적 지도과정

step 1 주양육자는 두드리면 소리가 나는 북이나 실로폰으로 시범을 보인다.

step 2 주양육자는 영아가 두드릴 수 있도록 놀잇감을 가까이에 놓은 후 "○○야, 둥둥 소리가 나네! 두드려 보자." 하며 언어적으로 촉진한다.

step 3 주양육자는 영아가 혼자 해 보도록 기회를 준 후 영아가 관심이 없거나 두드리는 것을 어려워하면, 영아의 손을 잡고 함께 두드려 소리가 나도록 조작한 후 다시 영아 혼자 두드려 보게 하는 과정을 반복한다.

◎ 일상생활에서의 지도과정

주양육자가 간식을 만들어 줄 때 영아를 이유식 의자에 앉힌 후 두드려도 잘 깨지지 않는 주방용품(예: 플라스틱 컵, 나무 숟가락, 냄비)을 주어 주양육자의 곁에서 두드리며 놀이할 수 있도록 한다.

두드리며 나는 다양한 소리를 경험하도록 다양한 질감의 바닥(예: 마룻바닥, 카페트, 타일 바닥, 책상)을 활용해 놀이를 하게 한다.

◎ 고려사항

두드려서 나는 소리에 너무 집착하지 않도록 소리 나는 악기를 연주하는 등 의미 있는 놀이 방법으로 지도한다.

시각장애 영아의 경우는 성인이 영아의 손을 잡고 제시된 놀잇감을 만지게 한 다음 영아의 손에 쥐어 주고 나타나는 목표행동을 평가한다.

불수의적인 움직임이 있는 뇌성마비 영아의 경우는 손에 쥔 놀잇감이 영아의 얼굴을 치지 않도록 주의하고, 처음에는 잡기 쉬운 짧은 길이의 놀잇감을 두드리며 놀도록 한다.

◎ 목표행동 성취기준

영아는 다른 놀잇감을 도구로 사용해 놀잇감을 두드리거나 악기를 두드려 소리 내는 행동을 하루 일과 중 최소 5회 이상 보인다.

2. 목표행동

주양육자가 크레용(연필, 펜)으로 종이에 앞뒤로 긁적이는 것을 보고 긁적이기를 모방한다.

◎ 목표행동 성취의 중요성

영아는 무엇이든 긁적이고 싶어 하는데, 이러한 긁적거리는 활동은 눈-손 협응 및 성인을 모방하는 모방능력, 주의력 발달 등 초기 인지발달에 중요한 영향을 미친다.

◎ 자료

종이, 굵은 무독성 크레용, 화이트보드, 마카펜

◎ 목표행동 성취를 위한 단계적 지도과정

step 1 주양육자는 종이 위에 크레파스를 이용하여 그리는 시범을 보인다.

step 2 "○○도 그려 볼까?" 하며 크레파스를 손에 쥐어 준다.

step 3 영아가 관심이 없거나 다른 행동을 하면 주양육자는 영아의 손을 잡고 함께 그려 본다.

step 4 주양육자는 옆에서 긁적이는 시범을 보이며 영아 스스로 긁적여 볼 수 있도록 한다.

◎ 일상생활에서의 지도과정

다양한 크기나 재질의 종이와 그리기 도구를 제공하여 마음껏 그릴 수 있도록 한다.

◎ 고려사항

이 시기 영아는 입으로 사물을 탐색하기도 하므로 무독성의 그리기 도구를 준비하며, 입으로 도구를 가져가지 않는지 주의해서 관찰한다.

운동장애가 있는 영아의 경우는 바닥에 넓게 비닐을 깔아 테이프로 고정시키고 그 위에 종이를 테이프로 고정시켜 종이가 움직이지 않도록 하여 영아가 마음껏 그리기를 할 수 있는 환경을 조성해 준다. 뇌성마비 영아나 상지 기능장애 영아의 경우는 크레파스나 그리기 도구를 사용할 때 잡기도구를 제공한다.

시각장애 영아의 경우는 자신이 그린 선을 만져 볼 수 있도록 매트 대신 촘촘한 격자 무늬의 단단한 망사지(꽃다발 포장재료)를 깐 다음 그 위에 얇고 큰 종이를 움직이지 않도록 고정시킨 후 선을 그리도록 한다. 그리기 도구는 심이 가는 것보다 굵은 것이 좋다.

◎ 목표행동 성취기준

영아는 주양육자가 크레용(연필, 펜)으로 종이에 앞뒤로 긁적이는 것을 보고 명확한 선이 나오지는 않더라도 2~3번 앞뒤로 긁적거리며 손을 움직이는 행동을 보인다.

3. 목표행동

놀잇감의 작동이 중단되었을 때에 작동시켜 달라는 요구를 한다.

◎ 목표행동 성취의 중요성

영아는 기어 다니거나 점차 걷기 시작하면서 적극적으로 주변 환경을 탐색하며, 사물에 대한 식별력을 향상시킨다. 이러한 과정에서 다양한 놀잇감을 조작해 보는 경험을 하게 되는데, 놀잇감을 스스로 조작하기 어려울 때 다른 사람에게 작동을 요구하는 행동은 영아가 타인을 인식하여 자신의 목적을 이루기 위한 수단으로 성인을 이용하는 것으로서 사회적이면서 인지적인 행동이다.

◎ 자료

영아가 이전에 사용한 적이 없는 새로운 놀잇감으로 영아가 스스로 작동하기에는 조금 어려운 조작을 해야 하는 놀잇감(예: 태엽을 감아야 앞으로 나가는 자동차, 소리 나는 계산기 놀잇감, 뚜껑이 있어 열기 어려운 놀이상자)

◎ 목표행동 성취를 위한 단계적 지도과정

step 1 주양육자는 영아가 새롭게 느끼면서 조작이 필요한 놀잇감을 준다.

step 2 주양육자는 영아에게 놀잇감의 작동 방법을 시범 보인다.

step 3 주양육자는 놀잇감의 작동이 멈췄을 때 영아의 반응이 어떤지 관찰한다.

step 4 만약 영아가 관심을 보이지 않는다면 다른 놀잇감으로 교체해서 동일한 방법으로 시도한다.

step 5 영아가 관심을 보이고 스스로 조작하려고 하지만 잘 되지 않아 주양육자를 쳐다만 보고 도움을 요구하는 행동을 보이지 않으면 일단 좀 더 지켜본다. 영아가 도움 요청을 시도하려고 하면 "아! 우리 ○○, 놀잇감 가지고 놀고 싶구나! 도와줄까?"라고 말하며 놀잇감을 조작해 준다.

step 6 짧은 시간 안에 조작해서 작동이 끝나면 주양육자는 다시 영아 스스로 조작하도록 유도한 후 그래도 되지 않으면 다시 도움을 요구하도록 기다린다.

◎ 일상생활에서의 지도과정

일과 중 놀이시간에 영아 혼자서 조작하기에는 어려운 수준의 놀잇감을 적절하게 제공하여 영아가 성인의 도움을 요청하는 방법을 익히도록 돕는다. 그러나 무조건 도움을 주기보다는 영아 스스로 조작하고 탐색해 보도록 한 후 영아가 요청했을 경우에만 도와준다.

◎ 고려사항

놀잇감 조작을 통해 실패 경험이 계속 쌓이면 좌절감을 느낄 수 있으므로 영아에게 너무 어렵고 발달에 적합하지 않은 놀잇감은 피한다.

시각장애 영아의 경우는 성인이 영아와 함께 직접 놀잇감을 작동시켜 본 후 놀잇감을 제시하였을 때 영아가 도움을 요청하는 행동을 보이면 도와준다.

◎ 목표행동 성취기준

영아는 놀잇감을 작동시켜 달라고 2~3차례 도움을 요청하는 행동(예: 엄마에게 주기, 소리 내기, 놀잇감 잡으려고 하기, 엄마와 놀잇감을 번갈아 가면서 쳐다보는 행동)을 보인다.

4. 목표행동

항상 있던 장소에 놀잇감이 있지 않거나 눈에 보이지 않으면 놀잇감을 적극적으로 찾는다.

◎ 목표행동 성취의 중요성

자신이 좋아하는 놀잇감이 늘 있던 자리에 없을 때 스스로 찾거나 성인에게 찾아 달라고 요구하는 것은 이전 시기에 비해 영아의 기억력이 오랜 시간 지속되고 사물에 대한 항상성(눈에 보이지 않아도 사물이 존재한다는 인지적 개념)이 발달되어야 가능한 행동이다. 이때 주양육자가 민감하게 반응하고 격려하는 것은 영아의 인지발달에 중요한 영향을 미친다.

◎ 자료

영아가 좋아하는 놀잇감, 놀잇감을 찍은 사진

◎ 목표행동 성취를 위한 단계적 지도과정

step 1 주양육자는 사전에 영아가 좋아하는 놀잇감이 무엇인지 관찰하여 파악한 후 사진을 찍어 놓는다.

step 2 주양육자는 좋아하는 놀잇감을 항상 있던 자리에서 옮겨 둔 후 영아에게 그 놀잇감을 가져와서 놀이하자고 제안한다.

step 3 영아가 주양육자의 제안을 이해하지 못하고 다른 놀잇감을 가져올 경우에는 사전에 좋아하던 놀잇감을 찍은 사진 자료를 보여 준다.

step 4 영아가 놀잇감을 찾기 시작하면 주양육자도 함께 찾는다.

step 5 영아가 놀잇감이 그 자리에 없는 것을 확인하면, 주양육자는 놀잇감을 준다.

◎ 일상생활에서의 지도과정

평상시 주양육자는 영아와 함께 집 안의 사물이 어디에 있는지 기억하고 찾는 연습을 해 본다. 자주 놀이하는 놀잇감은 별도 공간에 정리할 수 있도록 상자나 장을 제공하고, 놀잇감을 분류하여 정리하도록 놀잇감 사진을 상자나 장에 붙여 놓는다.

◎ 고려사항

이 시기의 영아는 아직 안전에 대한 개념이 명확하지 않기 때문에 성인이 안전기지 역할을 해 주어야 하며, 영아가 주변 환경을 적극적으로 탐색할 수 있도록 지지해야 한다. 따라서 주양육자는 영아가 놀잇감이나 물건을 찾을 때 주변에 위험한 요소(예: 높은 곳에 있는 물건이나 떨어졌을 때 깨지기 쉬운 물건, 베일 위험이 있는 물건)는 없는지 사전에 파악하여 치워 둔다.

시각장애 영아의 경우는 영아가 좋아하는 소리 나는 놀잇감을 활용한다. 영아에게 좋아하는 놀잇감을 가지고 놀자고 제안한 후 영아가 놀잇감이 있던 장소로 이동하는지 살핀다. 영아가 놀잇감이 없는 것을 확인하고 찾기 시작하면 주양육자는 조금 떨어진 곳에서 놀잇감 소리를 들려주어 영아를 소리 나는 곳으로 유도한 후 놀잇감을 준다.

◎ 목표행동 성취기준

영아는 자신이 좋아하는 놀잇감이 제자리에 놓여 있지 않을 때 적극적으로 찾는 행동을 하루 일과 중 최소 5회 이상 보인다.

5. 목표행동

영아가 보는 데서 상자 속에 놀잇감을 감추면 놀잇감을 찾아낸다.

◎ 목표행동 성취의 중요성

이 시기 영아는 보이는 데서 사물을 숨기면 찾지만 아직 표상능력은 발달하지 않아 자신이 볼 수 없는 공간에서 사물을 이동시키면 찾지 못한다. 숨기고 찾는 행동은 영아가 즐거워하는 활동으로서 대상영속성 개념이 완성되는 시기에 적절한 발달과정이며, 이는 영아의 대상영속성 개념뿐만 아니라 집중력과 기억력을 향상시키는 데 도움을 준다.

◎ 자료

영아가 좋아하는 놀잇감이나 일상생활용품, 놀잇감이 들어갈 만한 뚜껑이 있는 상자, 주머니

◎ 목표행동 성취를 위한 단계적 지도과정

step 1 주양육자는 똑같은 모양의 상자 두 개를 영아 앞에 놓는다.

step 2 주양육자는 놀잇감을 흔들거나 조작하여 영아가 집중하게 한 후 두 개의 상자 중에 하나에 놀잇감을 넣는다.

step 3 주양육자는 상자의 위치를 맞바꾼 후 "○○야, 딸랑이가 어느 상자에 들어 있을까?" 하고 질문한다.

step 4 주양육자는 영아가 놀잇감이 들어 있지 않은 빈 상자에서 놀잇감을 찾으려고 하면 놀잇감이 들어 있는 상자를 보여 준다.

step 5 주양육자는 놀잇감을 양쪽 상자 안에 옮겨 담는 과정을 반복하여 보여 준다.

◎ 목표행동 성취를 위한 단계적 지도과정(시각장애 영아)

step 1 주양육자는 동일한 크기의 재질이 다른 상자 두 개를 영아 앞에 놓는다.

step 2 주양육자는 영아의 손을 잡고 놀잇감을 상자에 넣고 뚜껑을 닫는다.

step 3 주양육자는 놀잇감을 넣은 상자를 영아가 만져 감촉을 느끼게 한 다음 다른 하나의 상자와 위치를 바꾼다.

step 4 주양육자는 영아에게 놀잇감을 찾도록 지시한 후 두 개의 상자를 만져 보며 찾도록 지도한다.

step 5 주양육자는 영아가 빈 상자에서 놀잇감을 찾으려고 하면 놀잇감이 들어 있는 다른 상자를 만지게 해 준다.

◎ 일상생활에서의 지도과정

간식이나 음식물 섭취 시 영아가 좋아하는 음식을 영아가 보는 앞에서 뚜껑이 달린 통 안에 넣고 영아 스스로 꺼내 먹을 수 있도록 지도한다.

◎ 고려사항

놀잇감이 든 상자나 간식 등의 음식을 넣는 통은 영아의 소근육 발달 정도를 고려하여 쉽게 열리는 상자나 통으로 준비한다.

청각장애 영아의 경우는 놀잇감이 든 상자를 찾은 후에 빈 상자와 놀잇감이 든 상자를 교대로 흔들어 보아 무슨 소리가 나는지 들어 보게 한다.

◎ 목표행동 성취기준

영아는 주양육자가 자신의 눈앞에서 숨긴 놀잇감을 찾아내는 행동을 10회 시도 중 최소 8회 이상 보인다.

6. 목표행동

그림책이나 그림 카드에서 좋아하는 그림이 생긴다.

◎ 목표행동 성취의 중요성

자신이 경험한 것 중에 좋아하는 것은 반복해서 보려고 행동하는 것은 영아의 기억력과 선호도가 생겨야 가능한 발달과정이다. 주양육자가 그림책이나 그림카드를 읽어 주는 등의 상호작용을 하면 영아의 집중력이 증진될 수 있으므로, 영아가 좋아하는 것에 대해 주양육자가 지속적으로 긍정적인 반응을 해 줌으로써 인지 기능을 발달시킨다.

◎ 자료

영아가 좋아하는 그림책, 그림카드, 벽에 부착해 둔 그림

◎ 목표행동 성취를 위한 단계적 지도과정

step 1 주양육자는 지정된 장소에 영아가 좋아하는 그림책과 그림카드 등을 보관하여 자신의 책이 어디에 있는지 알 수 있도록 한다.

step 2 주양육자는 영아가 평소에 좋아하는 그림책을 포함하여 두 권의 그림책을 읽어 준 후에 "○○야, 좋아하는 강아지 책 어디 있니? 엄마 주세요!" 하고 말한다.

step 3 주양육자는 영아가 책을 잘 찾으면, 이번에는 다른 그림책과 섞어 놓

고 영아가 좋아하는 그림이 실린 책을 다시 가져오게 한다.

◎ 일상생활에서의 지도과정

낮잠을 충분히 자고 배가 부른 시간을 선택해 벽에 붙어 있는 사진이나 그림카드를 사용하여 영아가 좋아하는 것이 무엇인지 알아본다. 이 시기 영아는 주로 동물이나 음식에 관심이 많으므로, 동물 사진을 보여 주거나 동물농장 같은 관련 노래를 불러 주면서 노래 가사에 나오는 동물을 그림이나 사진 중에서 찾는 놀이를 한다.

◎ 고려사항

그림책 두 권을 제시할 때에 책 내용이나 그림이 비슷한 것은 영아에게 혼란을 줄 수 있으므로, 전혀 다른 내용의 책 두 권을 선정하여 지도한다. 영아가 좋아하는 그림을 벽에 게시할 때는 영아의 눈높이를 고려하여 부착한다.

시각장애 영아의 경우는 영아가 좋아하는 소리 나는 놀잇감을 활용한다. 먼저 놀잇감의 소리를 들려주고, 놀잇감을 다른 놀잇감과 함께 바구니에 섞은 다음 영아가 놀잇감을 바구니에서 찾도록 지시한다. 이때 영아가 잘 찾으면 다른 놀잇감과 다시 섞어 놓고, 놀잇감을 찾는 활동을 반복한다. 놀잇감이 들어 있는 바구니는 영아가 손을 뻗으면 쉽게 닿을 수 있는 거리에 두고, 놀잇감은 영아가 찾아야 하는 것과 다른 재질의 것을 두 가지 이상 섞어 제시한다.

지체장애 영아의 경우는 누워 있는 상태에서 정면으로 볼 수 있는 위치에 그림책이나 그림카드를 두어 영아의 고개가 뒤틀리지 않도록 주의한다.

◎ 목표행동 성취기준

영아는 두 권의 그림책이나 다른 종류의 그림카드 중에서 자신이 좋아하는 것을 정확하게 찾는 행동을 10회 시도 중 최소 8회 이상 보인다.

7. 목표행동

동요가 나오면 리듬에 맞추어서 몸을 흔든다.

◎ 목표행동 성취의 중요성

자신이 좋아하는 소리가 나면 몸을 흔들거나 손뼉을 치는 등의 행동을 하는 것은 영아가 청각 자극을 변별할 수 있어야 가능한 발달과정이며, 이는 집중력과 기억력 향상에도 도움을 주므로 아동이 다양한 청각 자극에 반응하도록 해 준다.

◎ 자료

동요 CD

◎ 목표행동 성취를 위한 단계적 지도과정

step 1 주양육자는 흥미로운 동요를 들려주며 영아의 행동을 관찰한다.

step 2 주양육자는 영아가 동요에 맞춰 몸을 흔들면 곁에서 "우리 ○○, 흔들흔들 잘하네!" 하며 격려한다.

step 3 영아가 동요에 관심을 보이지 않으면 주양육자는 다른 음악을 준비해

서 들려준다.

step 4 주양육자는 먼저 음악에 맞춰 몸을 흔드는 동작을 영아에게 시범 보이며 이 과정을 반복한다.

◎ 일상생활에서의 지도과정

낮잠 전후 시간에 다양한 음악을 들려주어 영아가 어떤 음악을 좋아하는지 관찰한다. 좋아하는 음악을 영아가 왕성하게 활동하는 시간대에 틀어 주고 음악에 맞추어 주양육자가 간단한 동작(예: 손뼉 치기, 만세 하기, 제자리 돌기, 반짝반짝 손목 흔들기)을 시범 보이며 영아가 따라 하도록 유도한다.

◎ 고려사항

동요 이외에도 다양한 장르(예: 클래식, 전통음악)의 음악을 접할 수 있도록 해 준다. 이 시기 영아는 CD나 테이프에서 나오는 동요보다 주양육자가 불러 주는 노랫소리에 더 잘 주목하는 경향이 있으므로 주양육자가 직접 육성으로 노래를 불러주거나 몸을 흔들어 보여 주는 것도 좋다.

지체장애 영아와 시각장애 영아의 경우는 자신의 신체를 인식하는 것이 다소 지체될 수 있으므로 주양육자는 영아를 자신의 다리 위에 앉혀 놓은 다음 같이 손을 잡고 동작을 모방하는 신체적 지원을 해 준다. 이때 영아가 표현하는 동작을 "○○가 손을 머리 위로 들었네." 등으로 말로 설명해 준다.

◎ 목표행동 성취기준

영아는 친숙한 동요를 듣고 리듬에 맞춰 적절한 몸짓이나 율동을 모방하는 행동을 하루 일과 중 5회 이상 보인다.

05 월령: 13~18개월

1. 목표행동

놀잇감을 가지고 논 다음에 정리하기 위해서 놀잇감을 상자 속에 넣는다.

목표행동 성취의 중요성

놀이를 한 후 가지고 놀던 놀잇감을 상자 안에 넣는 행동은 '안'의 개념을 이해해야 가능한 발달과정이며, 이는 영아가 더 다양한 공간 개념(예: 안과 밖, 아래와 위)을 형성하며 인지발달을 이루어 나가는 데 도움을 준다.

자료

놀잇감, 영아가 옮길 수 있는 크기의 정리 상자 또는 바구니

◎ 목표행동 성취를 위한 단계적 지도과정

step 1 주양육자는 놀잇감을 상자 안에 넣는 시범을 보인다.

step 2 주양육자는 "우리 ○○도 담아 볼까?"라고 말하며 영아에게 놀잇감을 건넨다. 영아가 관심을 보이지 않거나 다른 곳으로 가려고 하면 '모두 제자리' 노래를 부르며 함께 상자 안에 넣어 본다.

step 3 주양육자는 놀잇감이 상자 안에 다 담긴 것을 보여 준다.

step 4 주양육자는 영아 스스로 놀잇감을 담는지 관찰한 후 스스로 담지 않으면 이 과정을 놀이가 끝난 후에 반복해서 지도한다.

◎ 일상생활에서의 지도과정

이 시기의 영아는 심부름하는 것을 좋아한다. 따라서 용변 후 간 기저귀나 식사 후 흘린 음식을 닦은 휴지를 쓰레기통에 놀이처럼 버리게 하여 '안'의 개념을 형성하도록 지도한다.

놀이한 놀잇감을 정리할 때 정리노래를 불러 주면서 함께 바구니에 넣는 행동을 하며 지도한다.

◎ 고려사항

놀잇감을 담는 상자는 영아가 밀거나 들고 다닐 수 있는 크기와 무게로 준비한다. 놀잇감을 담는 상자에 놀잇감의 사진을 붙여서 준비하면 더욱 효과적이다.

시각장애 영아의 경우는 주양육자가 영아의 손을 잡고 직접 상자 안에 놀잇감을 넣어 본 후 한쪽 손으로 상자를 잡고 다른 손으로 놀잇감을 넣을 수 있도록 수정하여 지도한다. 놀잇감 상자에 사진을 대신해 실물을 부착해 주면 더욱 효과적이다.

뇌성마비 영아와 상지기능장애 영아의 경우는 아직 놀잇감을 담는 상자를 밀거나 들고 다니기가 힘들 수 있다. 이때는 주양육자가 영아의 손을 잡고 같이 밀어 주어 영아의 성취감을 돕도록 한다.

◎ 목표행동 성취기준

영아는 놀이 후 주양육자가 함께 놀잇감을 정리하자고 하였을 때, 자신이 놀이했던 놀잇감의 반 정도를 상자 안에 넣는다.

2. 목표행동

포개지는 놀잇감을 가지고 놀면서 작은 놀잇감을 조금 큰 놀잇감 속에 넣는다.

◎ 목표행동 성취의 중요성

포개지는 놀잇감을 겹치는 행동은 서로 다른 크기의 개념을 인식하고, 크기 순서를 인식해야 가능한 발달과정이며, 이는 기초적인 크기나 수 개념을 형성하는 데 도움을 준다.

◎ 자료

크기대로 넣을 수 있는 둥근 모양의 컵 블록, 같은 모양의 크기가 다양한 블록 5~6개, 고리 끼우기

◎ 목표행동 성취를 위한 단계적 지도과정

step 1 주양육자는 크기가 다른 여러 컵을 영아에게 보여 주고, 어떻게 포개야 하는지 시범을 보인다.

step 2 주양육자는 영아가 스스로 컵을 크기 순서대로 포개도록 다시 컵을 분리해서 놓는다.

step 3 주양육자는 잘못 쌓은 컵을 꺼내서 바로잡아 주고, 그 컵이 위치할 곳을 가리켜 보여 준다.

step 4 주양육자나 교사는 이런 과정을 시범 보이며 “이 컵은 너무 커서 안 들어가네, 제일 작은 이 컵은 맨 나중에 넣어야겠다.” 하며 크기와 관련된 단어의 사용으로 영아가 크기 개념을 익히도록 지도한다.

step 5 영아가 스스로 하도록 기회를 주고 주양육자는 곁에서 “제일 큰 컵은 어디 있지? 그 컵을 맨 아래 둬 보자.” 하며 도움말을 준다.

◦ 일상생활에서의 지도과정

일과 중에 사물의 크기 관계에 관심을 갖게 한다. 예를 들어, 깡통을 정리하면서 작은 깡통을 큰 깡통 위에 올려놓는 것을 영아에게 보여 준다. 그리고 주양육자는 다음번에 두 깡통을 영아에게 보여 주며 어떤 깡통이 아래에 가야 할지 물어본다. 영아가 어떤 사물을 너무 작은 용기에 담으려고 하면 더 큰 용기를 갖다 주거나 더 큰 용기를 보여 주고 어떤 곳에 사물을 넣어야 잘 들어가는지 보여 준다.

◎ 고려사항

영아가 활동에 좌절감을 느끼지 않도록 처음에는 크기 차이가 많이 나는 것부터 제공하며, 놀잇감의 수도 조정해 준다.

시각장애 영아의 경우는 지도할 때마다 영아의 손을 잡고 직접 쌓아 보고 넣게 한다. 높이 쌓기의 경우 블록을 쓰러뜨릴 수 있으므로 크기가 다른 자석 블록을 활용하거나 이미 쌓은 블록이 쓰러지지 않도록 고정시켜 주어야 한다. 따라서 쌓기보다는 용기 안에 넣어 보는 활동이 더 많은 도움이 된다.

뇌성마비 영아와 상지기능장애 영아의 경우는 컵을 잡고 포개기가 어려울 수 있으므로 주양육자가 영아의 답변을 유도하며 영아의 손을 잡고 큰 컵 속에 작은 컵을 넣도록 지도한다.

◎ 목표행동 성취기준

영아는 도움 없이 크기가 다른 컵이나 놀잇감을 5개 이상 순서대로 포개거나 담는 행동을 10회 시도 중 최소 8회 이상 보인다.

3. 목표행동

인과관계를 이해해서 놀잇감을 켠다.

◎ 목표행동 성취의 중요성

놀잇감의 스위치를 눌렀을 때(원인) 놀잇감에서 소리가 나오는 것(결과)을 알게 되는 것은 인과관계를 인지하면서 스스로 사물을 탐색하는 범위가 광범위해져야 가능한 발달과정이다. 쉽게 조작할 수 있는 놀잇감은 영아가 스스로 탐색하면서 인지발달을 이루어 나가는 데 도움이 된다.

◎ 자료

스위치를 누르거나 줄을 잡아당겼을 때 소리가 나는 놀잇감(예: 버튼을 눌렀을 때 소리를 내며 움직이는 차 종류의 놀잇감, 뚜껑을 열면 소리가 나오는 상자)

◎ 목표행동 성취를 위한 단계적 지도과정

step 1 주양육자는 조작하기 쉬운 놀잇감을 제공하여 영아의 행동을 관찰한다.

step 2 주양육자는 영아가 놀잇감을 조작하는 방법을 전혀 알지 못하거나 흥미를 잃기 전에 조작하는 시범을 보인다.

step 3 주양육자는 "○○도 여기 눌러 볼까?" 하며 영아에게 놀잇감을 제시한다.

step 4 영아가 흥미를 계속 보이지 않을 때는 다른 놀잇감을 제공해 보고, 영아가 그것을 조작하려고 시도하면 주양육자는 손을 잡고 같이 눌러 보며 이 과정을 반복한다.

◎ 일상생활에서의 지도과정

목소리를 내면 움직이는 놀잇감을 가지고 놀이를 하면서 소리와 놀잇감의 움직임 간의 연관성을 알게 한다.

어두운 방에 들어가서 "어! 깜깜하네? 어떻게 하지?" 하며 영아와 같이 스위치를 찾아 불을 켜거나, 주양육자가 켜는 시범을 보이며 "찰칵! 와, 밝아졌네?" 하고 말해 준 다음 영아가 스스로 스위치를 눌러 켤 수 있도록 지도한다.

시계가 멈추거나, 건전지로 작동하는 놀잇감이 멈추어 작동이 되지 않는 경우, 건전지를 넣은 후 다시 움직이는 모습을 영아와 함께 관찰한다.

◎ 고려사항

복잡한 단계를 가진 놀잇감보다는 단순한 조작에 반응하는 놀잇감(예: 버튼을 눌렀을 때 소리나 빛이 나는 자동차로 버튼이 누르기 쉽고 큰 것)을 제공하면서 단계를 높여 나가야 영아가 좌절하지 않고 놀잇감을 탐색할 수 있다.

시각장애 영아의 경우는 움직임보다는 소리에 더 잘 반응하므로 조작했을 때 바로 소리가 나는 놀잇감을 제공하는 것이 효과적이며, 움직임이 있는 놀잇감을 제공할 때는 주양육자가 곁에서 움직임을 말로 설명함과 동시에 영아가 움직이는 놀잇감을 손으로 만져 볼 수 있도록 해 주어야 한다.

◎ 목표행동 성취기준

영아는 자신에게 제시된 놀잇감을 스스로 조작하여 작동시키는 행동을 10회 시도 중 최소 8회 이상 보인다.

4. 목표행동

책을 거꾸로 놓지 않고 똑바로 놓고 본다.

◎ 목표행동 성취의 중요성

책을 거꾸로 제시했을 때 똑바로 놓고 보는 행동은 사물에 대한 식별력을 가지고 위아래의 위치 개념을 인지해야만 가능한 발달과정이다.

◎ 자료

영아가 좋아하는 그림책

◎ 목표행동 성취를 위한 단계적 지도과정

step 1 주양육자는 영아가 책에 관심을 보이도록 책 읽는 모습을 보여 준다.

step 2 주양육자는 영아가 책을 달라고 요구할 때 일부러 책을 거꾸로 쥐어 준다.

step 3 주양육자는 영아가 어떻게 하는지 관찰한 후 책을 올바른 위치로 바꾸면 "우리 ○○, 책 똑바로 놓고 보네." 하며 칭찬하고, 그렇지 않을 경우 책을 바르게 놓아 주면서 "○○야, 그림이 거꾸로 되었네, 바르게 놓고 보자."라고 설명해 준다.

step 4 주양육자는 영아가 책을 똑바로 놓고 보도록 이 과정을 반복해서 지도한다.

◎ 일상생활에서의 지도과정

잠자기 전이나 동적인 활동 후에는 정적인 활동인 책 읽어 주는 시간을 배정하여 매일 반복한다.

영아가 책의 위아래가 바로 놓인 것과 거꾸로 놓인 것의 차이를 인지하고 수정할 수 있을 때까지 책 읽기 시범을 반복하여 보여 준 후, 주양육자가 책을 거꾸로 들고 읽을 때 영아가 어떻게 반응하는지 관찰하며 지도한다.

◎ 고려사항

영아에게 제시할 그림책은 글자가 많지 않으며 그림보다는 실제 사물의 사진이 실린 책이 좋다. 위아래 위치를 잘 모를 경우 아랫부분에 스티커를 부착하여 위치를 알 수 있게 도와주며, 어느 정도 영아가 위아래를 바르게 놓고 보게 되면 스티커를 제거한다.

시각장애 영아의 경우는 만질 수 있는 촉감 그림책을 사용하는 것이 좋다. 표지 상단에 만질 수 있는 입체 스티커(예: 부직포 스티커, 미끄럼방지 스티커)를 붙여 주고 스티커가 붙어 있는 곳이 '위'라는 것을 알려 준다.

◎ 목표행동 성취기준

영아는 자신에게 제시된 책이 거꾸로 되어 있을 때 바르게 놓고 보는 행동을 10회 시도 중 최소 8회 이상 보인다.

5. 목표행동

평소에 즐겨 읽고 좋아하는 그림책이 있다.

◎ 목표행동 성취의 중요성

주양육자가 반복하여 읽어 준 책을 영아가 기억하면서 그 책에 대한 긍정적인 선호도를 형성하는 것은 자신이 좋아하는 것과 그렇지 않은 것에 대한 분명한 자기 의사를 언어적, 비언어적으로 표현할 수 있어야만 가능한 발달과정이며, 이는 영아의 집중력을 향상시키는 데 중요한 역할을 한다.

◎ 자료

영아가 좋아하는 다양한 분야의 그림책(예: 촉감책, 팝업북)

◎ 목표행동 성취를 위한 단계적 지도과정

step 1 주양육자는 영아가 좋아하는 그림책 한 권을 여러 종류의 책 사이에 놓는다.

step 2 주양육자는 영아에게 "○○야, 우리 책 보자!"라고 권유한 후 영아의 반응을 살핀다.

step 3 영아가 무관심하거나 다른 활동을 하려고 하면 주양육자는 "○○ 책

여기 있네!" 하며 책을 건넨다.

step 4 주양육자는 이 과정을 반복한 후 영아가 자신이 좋아하는 그림책을 찾을 수 있는지 관찰한다.

◎ 일상생활에서의 지도과정

영아와 도서관이나 서점을 방문하여 영아가 평소 좋아하는 책을 찾아보는 놀이를 한다. 다양한 다른 책도 경험하는 기회를 주며, 주양육자가 책을 읽어 준다.

◎ 고려사항

이 목표행동 성취의 주된 목표는 영아의 책에 대한 선호도 일관성과 기억에 있다. 그러므로 목표행동 성취 후에 여러 가지 종류의 책을 제공하여 다양한 경험을 하게 한다.

시각장애 영아의 경우는 촉감 그림책이나 소리 나는 그림책을 활용하여 영아가 관심을 갖도록 유도한다.

◎ 목표행동 성취기준

영아는 여러 종류의 책 중에서 자신이 좋아하는 그림책을 일관되게 선택하는 행동을 10회 시도 중 최소 8회 이상 보인다.

6. 목표행동

놀잇감을 들고 여러 놀잇감 중에서 똑같은 놀잇감을 찾아보라고 하면 찾아낸다.

◎ 목표행동 성취의 중요성

친숙한 사물을 이용하여 같은 것을 찾는 활동은 사물을 분류하는 능력이 있어야 가능한 발달과정이며, 이는 인지 확장에 도움을 준다.

◎ 자료

영아에게 친숙한 놀잇감(예: 공이나 인형 등 자주 사용하는 놀잇감) 2쌍

◎ 목표행동 성취를 위한 단계적 지도과정

step 1 주양육자는 영아에게 친숙한 놀잇감(예: 공 2개, 인형 2개) 4개를 준비한다.

step 2 주양육자는 '무엇이 똑같을까' 노래를 부르며 같은 모양의 공, 인형을 찾는 시범을 보인다.

step 3 주양육자는 놀잇감 중 공 하나를 보여 주며 "○○야, 이런 공 어디 있니?"라고 질문한다.

step 4 영아가 공을 찾으면 인형으로 넘어가고 공을 찾지 못할 경우 주양육자는 두 개의 공을 양손에 놓고 보여 주며 "어! 공 여기 있네. 공 두 개

가 똑같네."라고 설명한다.

step 5 주양육자는 영아가 맞게 놀잇감을 찾으면 놀잇감 수를 늘려서 다시 시도하며 그 과정을 반복한다.

◎ 일상생활에서의 지도과정

영아는 주양육자가 하는 행동을 모방하는 것을 좋아한다. 그러므로 젖은 빨래를 널거나 마른 빨래를 갤 때 주양육자가 영아에게 같은 모양(무늬 또는 색깔)의 양말을 찾아 달라고 하며 놀이처럼 하면 같은 모양대로 분류할 수 있다. 또한 영아가 좋아하는 과일을 이용해 같은 과일 찾기를 하거나 맛을 보면서 활동할 수 있다.

◎ 고려사항

초반에는 크게 상반되는 놀잇감을 제공하고, 이를 확실히 구분하기 시작하면 서로 비슷한 것 중에서 같은 것을 찾게 한다.

비슷한 형태의 놀잇감을 이용할 경우 놀잇감의 일정 부위에 질감이 다른 재질을 덧씌워 활용한다. 예를 들어, 질감이 다른 마라카스를 만들기 위해 마라카스의 일정 부위에 사포, 뽁뽁이 포장재, 은박지, 모루, 빵끈, 수수깡 등을 덧붙이거나, 질감이 다른 원반을 만들기 위해 원반 윗면에 사포, 뽁뽁이 포장재, 보들이 벨크로, 찍찍이 벨크로, 모루, 은박지를 덧씌울 수 있다.

뇌성마비 영아와 상지기능장애 영아의 경우는 고개나 눈짓으로 같은 놀잇감을 찾도록 지도한다.

청각장애 영아의 경우는 나이가 어릴수록 촉각과 시각 자극에 민감하므로 모양이나 색깔 차이가 많이 나는 놀잇감을 구별하게 한다. 또한 청각장애 영아는 언어지시를 이해하지 못할 수 있으므로 주양육자가 시범을 더 많이 보여 주고 말소리에 손짓이나 몸짓을 더하여 시범 횟수를 늘린다.

시각장애 영아의 경우는 서로 같거나 다른 촉감을 가진 물건, 놀잇감을 이용하여 같은 것을 찾도록 하며, 이때 영아가 싫어하는 촉감을 강요하지 않도록 주의한다.

◦ 목표행동 성취기준

영아는 자신에게 주어진 놀잇감 중에 똑같은 놀잇감을 찾는 행동을 10회 시도 중 최소 8회 이상 보인다.

7. 목표행동

작은 과자를 병에 넣은 다음에 다시 꺼내려고 의도적으로 병을 거꾸로 든다.

◦ 목표행동 성취의 중요성

작은 과자를 병에 넣고 꺼내려고 의도적으로 하는 행동은 안과 밖이라는 공간 개념을 이해해야 가능한 발달과정이다.

◦ 자료

작은 크기의 과자, 입구가 작고 안의 내용물이 보이는 투명한 플라스틱 통

◦ 목표행동 성취를 위한 단계적 지도과정

step 1 주양육자는 플라스틱 통에서 과자를 꺼내며 "과자가 밖으로 나왔네!"라고 이야기한다.

step 2 주양육자는 플라스틱 통 속에 과자를 다시 넣으며 "과자가 그릇 안에 들어갔네!"라고 말하며 안과 밖의 개념을 영아가 인지하도록 설명한다.

step 3 과자를 플라스틱 통에 넣어 영아에게 쥐어 준다. 영아가 관심을 보이

지 않으면 플라스틱 통을 흔들어 과자의 소리와 모양을 보여 준 후 통에서 과자를 꺼내 맛보게 한다.

step 4 주양육자는 다시 영아가 스스로 플라스틱 통을 뒤집어 과자를 꺼내도록 유도하며 "○○야, 엄마 (선생님) 과자 좀 주세요. 아~." 하며 이 과정을 반복한다.

◎ 일상생활에서의 지도과정

간식 시간에 일부러 작은 과자를 입구가 작은 플라스틱 통 안에 담아서 준비한다. 얼마 남지 않은 주스나 음료를 컵에 따르게 해 본다.

놀이시간에 놀잇감을 상자나 가방 등에 넣어 정리하면서 안과 밖의 개념을 익히도록 돕는다.

◎ 고려사항

이 시기의 영아는 작은 구멍에도 손을 넣는 행동을 하므로 용기에 영아의 손이 끼지 않도록 입구가 작은 용기를 선택한다. 또한 과자를 꺼내기 위해 통을 던져 위험할 수 있기 때문에 깨지기 쉬운 유리병이 아닌 플라스틱 재질의 용기를 사용한다.

지체장애 영아의 경우는 손힘이 약하므로 쉽게 뒤집어질 수 있는 플라스틱 통을 사용한다.

시각장애 영아의 경우는 입구가 좁은 것보다는 높이(약 15cm)가 있는 손잡이가 달린 컵을 사용한다.

◎ 목표행동 성취기준

영아는 음식을 꺼내기 위해 플라스틱 통을 거꾸로 뒤집는 행동을 10회 시도 중 최소 8회 이상 보인다.

06 월령: 19~24개월

1. 목표행동

물건을 대치해서 논다.

목표행동 성취의 중요성

드라이기를 전화기로, 화장대를 세면대로 사용하는 등 사물을 대치하여 놀이하는 것은 사물이나 대상을 상징적으로 변형시키는 상징놀이의 한 형태로서 영아의 상징적 기능을 향상시키는 중요한 인지적 행동이다. 초기 상징놀이는 실제 물건을 가지고 '하는 척'을 하지만, 19~24개월 정도 되면 모양이 비슷하지 않은 다른 사물로 실제 사물을 대치하며 놀이하기도 한다.

자료

집 안에서 일상적으로 접하는 사물이나 소꿉놀이에 사용되는 놀잇감(예: 유아용

빗자루, 모자, 거울, 지갑, 가방, 신발, 인형)

◎ 목표행동 성취를 위한 단계적 지도과정

step 1 영아가 주로 놀이하는 장소에 준비한 자료를 둔 후 영아가 어떻게 놀이하는지 관찰한다. 만약 영아가 상징놀이를 시도하면 주양육자는 "○○야, 지금 무슨 놀이 해요? 엄마놀이 하는구나!"라고 말한다.

step 2 놀이를 시도하지 않을 경우 주양육자는 준비된 자료를 가지고 상징놀이를 하는 시범을 보인다(예: 네모난 나무 블록으로 사진 촬영하는 것처럼 놀이하기, 긴 막대기로 머리를 빗는 것처럼 놀이하기).

step 3 영아가 상징놀이를 시작하면 주양육자는 영아가 하는 상징놀이 행동을 모방하면서 놀이에 참여하며, 놀이를 지속하면서 확장시킨다(예: 영아가 블록으로 전화하는 것처럼 행동하면 주양육자가 통화 상대가 되어 주기, "○○야, 누구하고 전화해?" "엄마와 '여보세요' 할까?" "여보세요, ○○네 집이죠?" "○○ 좀 바꿔 주세요.").

◎ 일상생활에서의 지도과정

집으로 친구를 초대하여 함께 놀잇감이나 일상생활용품을 가지고 상징놀이를 할 수 있도록 다양한 일상용품을 제공한다. 주양육자와 시간을 많이 보내는 경우에는 주양육자가 놀이파트너가 되어 놀잇감이나 일상생활용품 중에서 상징놀이를 하는 시범(예: 블록을 가지고 "이건 맛있는 과자네. 냠냠냠 맛있다. ○○도 먹어 봐."라고 제시하기)을 보이며 영아가 여러 사물이나 놀잇감을 대치해서 놀이하도록 격려한다.

◎ 고려사항

주양육자는 영아에게 대치할 사물을 제공하는 횟수를 점차 줄이고 영아가 사물

에 의미를 부여하도록 지켜봐야 한다. 영아가 다양한 사물에 의미와 기능을 부여하여 놀이하면 주양육자는 그대로 따라 하며 놀이에 참여하도록 한다. 이때 주양육자는 영아의 놀이가 확장될 수 있도록 상황에 따라 개입하거나 퇴장할 수 있다. 위험한 대치물(예: 칼, 가위, 약품)은 영아의 눈에 띄지 않는 곳이나 손에 닿지 않는 곳에 보관한다.

청각장애 영아의 경우는 시각적 단서나 자료에 민감하고 주의 깊게 반응하므로 정해진 장소나 공간에 놀잇감 또는 자료의 사진, 그림 등을 붙여 두어 스스로 기억하고 가져오는 활동은 물론 놀이활동 후 스스로 정리정돈하는 습관도 기르도록 지도한다.

시각장애 영아의 경우는 구체물을 사용(예: 블록을 전화기처럼 사용하는 대신 실제 전화기 사용)하여 역할놀이를 충분히 하게 한다.

목표행동 성취기준

영아는 사물을 대치한 놀이행동을 하루 일과 중 최소 5회 이상 보인다.

2. 목표행동

아는 물건을 가지고 오라고 하면 평소에 어디에 있는지 알고서 가지고 온다.

◎ 목표행동 성취의 중요성

물건이 있는 위치를 기억했다가 시간이 지난 뒤에도 필요한 물건을 가져오고 간단한 심부름도 하는 것은 기억력이 발달해야 가능한 행동이며, 이는 영아의 인지발달에 중요한 역할을 한다.

◎ 자료

영아가 좋아하는 놀잇감, 일상에서 친숙한 사물, 놓여 있는 장소가 일정한 생활용품 등

이 시기에 영아가 좋아하는 놀잇감 종류에는 탈것(15~20센티 정도의 크기로 커다란 바퀴가 달린 가볍고 둥근 외양의 밀면 소리가 나는 자동차), 끌차, 그림책, 블록(유니트 블록), 모양 끼우기, 구슬 레일, 꼭지 달린 퍼즐, 인형, 동물, 교통기관 모형, 리듬악기(심벌즈, 드럼, 종), 조작 놀잇감, 소꿉놀이, 줄에 꿰는 색구슬, 느낌 주머니, 공(커다란 공, 비치볼), 손인형(성인이 조작하는 손인형, 영아의 손에 맞는 작은 손인형), 태엽 놀잇감(태엽을 감으면 놀잇감이 작동하고 태엽이 풀리면 작동이 안 되는 놀잇감) 등이 있다.

◎ 목표행동 성취를 위한 단계적 지도과정

step 1 주양육자는 영아와 놀이를 시작하면서 놀잇감을 가져오라고 한다.

step 2 영아가 지시한 놀잇감을 찾아오지 못하면 주양육자는 함께 정리된 장소로 가서 놀잇감을 가져온다.

step 3 놀이가 끝난 후 놀잇감이 있던 장소에 정리하도록 하며, 이때 영아가 자리를 찾지 못하면 주양육자는 놀이를 하던 장소로 같이 가서 놀잇감을 정리하는 시범을 보인다.

step 4 주양육자는 영아가 스스로 놀잇감을 자리에 놓아 보도록 쥐어 주며 이런 과정을 반복해서 지도한다.

◦ 일상생활에서의 지도과정

영아에게 간단한 심부름(예: 자기 옷이나 양말 가져오기, 휴지 뽑아 오기)을 반복해서 시킨다. 주양육자가 요리할 때에도 영아에게 안전하면서 간단한 주방용품(예: 플라스틱 그릇, 컵, 숟가락)을 가져다주는 역할을 하게 한다.

디지털 카메라를 이용해 집안의 사물(예: 가구, 가전, 놀잇감)을 찍어 인화한 후 영아용 그림책으로 만들어 그림책 속에서 사물 찾기 놀이를 한다.

◦ 고려사항

이 시기의 영아는 아직 위험 상황을 파악하거나 대처하는 능력이 부족하므로, 심부름을 시킨 후에도 주양육자는 영아의 움직임을 세심하게 관찰한다.

지체장애 영아의 경우는 걷기가 어려울 수 있으므로 기어가기나 굴러가기 등 영아가 가지고 있는 능력을 이용하여 움직이도록 유도한다.

시각장애 영아의 경우는 지시를 한 후 영아가 놀잇감이 있는 장소를 찾지 못하면 소리(예: 손뼉이나 방울소리)를 들려주어 찾을 수 있도록 지도한다.

◦ 목표행동 성취기준

영아는 주양육자가 평소에 영아가 잘 아는 사물을 가져오라고 지시했을 때 가져오는 행동을 10회 시도 중 최소 8회 이상 보인다.

3. 목표행동

손이 안 닿는 곳에 있는 물건을 꺼내기 위해서 막대기를 이용하거나, 높은 곳에 있는 물건을 꺼내기 위해서 의자를 사용한다.

◎ 목표행동 성취의 중요성

이전에는 갖고 싶은 것을 얻기 위해 울거나 성인의 손 잡아끌기 등의 행동을 하던 영아가 점차 문제해결을 위해 성인의 도움에 의지하지 않고 스스로 도구를 사용하는 것은 수단-목적, 공간 개념(위아래), 탐색하기 등의 개념을 이해해야만 가능한 발달과정이며, 이는 영아의 인지발달을 향상시킨다.

◎ 자료

영아가 좋아하는 놀잇감(예: 블록, 인형), 영아용 의자

◎ 목표행동 성취를 위한 단계적 지도과정

step 1 주양육자는 영아와 블록을 가지고 놀이를 하다가 블록이 모자라는 상황을 연출한다.

step 2 주양육자는 미리 선반 위에 올려놓은 블록을 가리키며 "블록이 저 위에 있네. 그런데 블록을 어떻게 꺼내지?"라고 질문한다.

step 3 영아가 손을 뻗어서 잡으려고 하면 주양육자는 의자를 곁에 놓아 주며, "의자 위에 올라가면 꺼낼 수 있을 것 같은데?"라고 설명해 준다.

step 4 영아가 의자에 올라가서 블록을 잡으려고 시도하면 주양육자는 의자를 잡아 준 후 격려한다.

◎ 일상생활에서의 지도과정

잠자리에 들기 전 이불장에서 이불을 꺼내는 것을 영아가 돕도록 하면서 목표행동을 지도할 수 있다. 바닥에 이불을 펼쳐 놓은 상태에서 가벼운 이불 혹은 영아가 안고 자는 인형 등을 이불장에 넣어 놓고 영아가 베개를 밟고 올라가거나 낮은 의자를 사용해 올라가 꺼내도록 주양육자가 곁에서 도울 수 있다.

◎ 고려사항

이 목표행동을 지도할 때는 각별히 안전에 유의한다. 도구를 사용하여 자신이 원하는 것을 얻는 행동을 한 것은 긍정적이지만, 영아 혼자 의자를 가져다 놓고 선반 위에 올려놓은 물건을 꺼내는 등의 행동은 자칫 사고로 이어질 수 있으므로 영아에게 이에 대한 안전교육을 철저하게 시켜야 한다. 만약 영아가 의자에 올라가는 행동을 자주 보이면 의자가 놓인 곳에 영아용 안전매트를 깔아 둔다.

뇌성마비 영아의 경우는 신체 균형을 잡기가 어려우므로 보조기나 워커를 사용하여 앉거나 서는 자세를 고정시켜 준다. 그 후에 주양육자의 도움을 받아 양손이나 한 손으로 막대기를 잡고 물건을 꺼내도록 한다. 이때 손의 기능이 불편한 영아의 경우는 막대기에 찍찍이를 부착하여 잡는 것을 도와준다. 장애인 관련 쇼핑몰에 물건을 쉽게 집는 잡기도구가 있으니 이를 구입하여 연습하는 것도 좋다.

시각장애 영아의 경우는 막대를 사용하기보다는 의자를 놓고 올라가는 것으로 평가하고 안전을 고려하여 영아의 양말을 벗긴 후 활동하게 한다.

◎ 목표행동 성취기준

영아는 높은 곳에 있는 사물을 꺼내기 위해 의자나 막대기를 이용하는 행동을 3회 이상 보인다.

4. 목표행동

통 속에 있는 놀잇감을 꺼내기 위해서 뚜껑을 연다.

◎ 목표행동 성취의 중요성

통 속에 있는 놀잇감을 꺼내기 위해 뚜껑을 여는 행동은 사물에 대한 조작 능력이 있어야 가능한 발달과정이며, 이는 영아 스스로 문제를 해결하는 인지 기능을 향상시킨다.

◎ 자료

영아가 좋아하는 놀잇감, 뚜껑이 헐거운 상자

○ 목표행동 성취를 위한 단계적 지도과정

step 1 주양육자는 영아가 놀이하고 있던 놀잇감을 영아가 보는 앞에서 상자 안에 넣는다.

step 2 "○○야, 놀잇감이 어디에 있니?"라고 물었을 때 영아가 관심을 보이지 않으면 주양육자는 상자를 열어 "○○ 놀잇감 여기 있네!"라고 하면서 보여 준다.

step 3 영아가 잡으려고 하면 주양육자는 다시 상자 안에 놀잇감을 넣고 "○○가 놀잇감 찾아봐."라고 말한다.

step 4 주양육자는 영아 스스로 상자를 열도록 기회를 준 후 영아가 하지 못할 경우에만 도움을 주고 이 과정을 반복한다.

○ 일상생활에서의 지도과정

간식을 먹을 때 열기 쉬운 그릇에 담아 스스로 뚜껑을 열고 꺼내서 먹을 수 있게 유도한다.

영아가 좋아하는 놀잇감은 투명하거나 반투명한 상자에 담아 보관해 영아가 놀이할 때 자신이 필요한 놀잇감을 꺼내기 위해 상자의 뚜껑을 여닫는 경험을 하게 한다.

○ 고려사항

영아는 아직 소근육 발달이 미숙하므로 열기 어려운 뚜껑이 있는 사물을 제시해 영아가 좌절감을 느끼지 않도록 주의한다. 그러므로 목표행동 성취 여부도 뚜껑 자체를 여닫는 것과 같이 소근육 부분에 초점을 두는 것이 아니라 통 안에 든 물건을 꺼내기 위해 뚜껑을 여는 인지능력, 즉 문제해결 능력을 평가하는 데 중점을 두어야 한다.

뇌성마비나 상지기능장애 영아의 경우는 뚜껑을 여닫는 것이 힘들 수 있으므로 돌려서 여는 뚜껑 대신에 상자처럼 뚜껑을 들어 올려서 여는 것이나, 버튼을 누르면 뚜껑이 열리는 놀잇감을 제공해 준다.

청각장애 영아의 경우는 물건이 들어 있는 통을 제공할 때, 통 속에 흔들었을 때 소리가 나는 딱딱한 마카로니, 적절한 크기의 구슬, 작은 블록조각, 콩, 팥, 강낭콩 등을 넣어 두어 영아가 닫힌 상태에서 소리자극을 즐기고 또 무엇이 들어 있는지 궁금하여 통을 열어 보도록 유도한다. 이와 연계하여 그다음 활동으로 통을 연 후 나오는 재료를 이용하여 마카로니 목걸이 만들기, 곡식 꾸미기 등 조형 활동을 실시한다.

시각장애 영아의 경우는 상자를 흔들어 소리를 내 준다.

◎ 목표행동 성취기준

영아는 통 속에 있는 놀잇감이나 사물을 꺼내기 위해 통의 뚜껑을 여는 행동을 10회 시도 중 최소 8회 이상 보인다.

5. 목표행동

도움 없이 혼자서 5~10분간 여러 놀잇감을 가지고 논다.

◎ 목표행동 성취의 중요성

여러 가지 놀잇감을 가지고 탐색하며 조작하는 행동은 문제해결능력이 있어야 가능한 발달과정이며, 이는 이후 영아의 인지발달과 과제 집중력에 중요한 역할을 한다.

◎ 자료

영아가 좋아하는 다양한 놀잇감

◎ 목표행동 성취를 위한 단계적 지도과정

step 1 주양육자는 영아가 좋아하는 다양한 종류의 놀잇감을 제시하며 그 기능에 대해 간단하게 설명하며 시범을 보인다.

step 2 영아가 놀잇감에 흥미를 보이고 놀이를 시작하면 주양육자나 교사는 잠시 자리에서 벗어나 영아 혼자서 놀이하도록 둔다.

step 3 영아가 놀잇감에 관심을 보이지 않으면 주양육자는 다른 놀잇감을 제공하며 이 과정을 반복한다.

◎ 일상생활에서의 지도과정

영아가 생활하는 집 안에 영아가 놀이하는 공간(빈방을 놀이방으로 꾸며 주거나 별도로 방이 없을 경우엔 바닥에 카펫이나 매트를 깔아서 별도의 놀이공간으로 꾸며 줄 수도 있음)을 별도로 마련해 주어 스스로 놀잇감을 가지고 놀이를 시작하도록 유도한다. 놀잇감 이외에도 다양한 주방용품(예: 다양한 크기의 냄비, 숟가락, 나무젓가락, 주걱)을 제공하여 주양육자가 음식을 만드는 동안 곁에서 탐색하도록 한다.

◎ 고려사항

이 시기의 영아는 여전히 입으로 사물을 탐색하고 작은 사물은 삼킬 수도 있으므로 작은 놀잇감이나 위험한 사물은 치워 둔다. 놀잇감이나 활동에 대한 주의집중이 짧은 영아의 경우 좋아하는 놀잇감, 놀이, 사람, 장소 등에 대한 선호도를 조사한 후 놀이참여에 유도한다.

뇌성마비 영아나 상지기능장애 영아의 경우는 잡기도구를 이용하여 놀잇감을 잡고 놀이하도록 하되 처음에는 얼굴에 부딪혀 다칠 염려가 있는 놀잇감은 피한다. 어느 정도 영아의 손 기능이 안정되어 놀잇감이 얼굴로 가지 않을 때, 다양한 놀잇감을 제시한다.

◎ 목표행동 성취기준

영아는 성인의 도움 없이 5분 이상 혼자서 놀이를 지속하는 행동을 10회 시도 중 최소 8회 이상 보인다.

6. 목표행동

병, 숟가락, 연필 등을 거꾸로 주면 스스로 돌려서 적절하게 사용한다.

◎ 목표행동 성취의 중요성

영아에게 연필이나 숟가락 등을 거꾸로 쥐어 줄 때 영아가 적절하게 돌려서 사용하는 것은 사물의 용도 및 기능을 인지해야만 가능한 발달과정이며, 이는 도구를 적절히 사용하는 능력을 향상시킨다.

◎ 자료

색연필, 크레용, 스케치북이나 큰 종이

◎ 목표행동 성취를 위한 단계적 지도과정

- **step 1** 주양육자는 색연필로 종이에 그리는 시범을 보인다.
- **step 2** 주양육자는 영아가 관심을 보이면 그리기 도구를 거꾸로 쥐어 준다.
- **step 3** 영아가 그리기 도구를 거꾸로 쥔 상태에서 계속 그리기를 시도하면 주양육자는 곁에서 다시 그리는 시범을 보인다.
- **step 4** 영아가 그리기 도구를 계속 거꾸로 쥐고 그리면 주양육자는 영아가 바르게 쥘 수 있도록 도와준다.
- **step 5** 주양육자는 영아에게 다른 색으로 바꿔 그리자고 제안하며 다른 색연

필을 일부러 거꾸로 쥐어 준 후 영아의 반응을 살펴가며 지도한다.

◎ 일상생활에서의 지도과정

간식이나 음식을 먹을 때 수저 혹은 젖병을 아직 사용하는 영아의 경우는 젖병을 일부러 거꾸로 쥐어 주어 스스로 바로잡게 유도한다. 평상시에 영아가 물을 마실 때 사용하는 빨대가 달린 컵, 양치질을 할 때 사용하는 칫솔도 거꾸로 준 후 적절하게 사용하는지 관찰하면서 지도한다.

◎ 고려사항

연필이나 포크처럼 끝이 뾰족한 것을 줄 때는 각별히 주의한다.

인지발달이 지연된 영아의 경우는 그리기 도구의 제공 시 거꾸로도 잘 그려지는 크레파스나 크레용을 주면 위아래를 구분하는 데 어려움을 겪으므로 처음에는 사인펜이나 보드펜 등 위아래가 확실한 도구를 쥐어 준다.

시각장애 영아의 경우는 촉각을 사용해 사물의 형태를 인지하므로 바르게 잡기를 지도할 때 주양육자가 신체적 도움과 함께 언어적 설명을 제공한다.

◎ 목표행동 성취기준

영아는 주양육자가 사물(예: 그리기 도구, 수저)을 거꾸로 쥐어 주었을 때 바르게 돌려잡는 행동을 10회 시도 중 최소 8회 이상 보인다.

7. 목표행동

일반적인 위험을 피한다.

◎ 목표행동 성취의 중요성

위험에 대해 인식하기 시작하여 뜨거운 음식을 만지는 것을 주저하거나, 큰 동물을 무서워하여 어른 뒤에 숨거나 우는 행동을 보이는 것은 주변 환경을 점차 인식하고 상황을 파악하는 인지 능력이 있어야 가능한 발달과정이며, 이는 영아의 위험 대처능력을 향상시킨다.

◎ 자료

없음

◎ 목표행동 성취를 위한 단계적 지도과정

step 1 주양육자는 영아가 위험한 상황에서 부적절한 행동을 하려고 할 때 "안 돼!"라고 단호하고 일관되게 말한다.

step 2 주양육자는 "안 돼!" 혹은 "그만!"이라고 말했을 때 영아가 즉시 행동을 멈추면 칭찬을 한 후 다른 활동을 제안하며 주의를 환기시킨다.

◎ 일상생활에서의 지도과정

가정에서 "안 돼!"라고 말할 상황이 너무 많을 경우 영아가 위축될 수 있고, 또 영아의 호기심과 탐구심에도 지장을 줄 수 있으므로 사전에 안전한 환경을 제공하고 늘 주양육자가 주의를 기울인다.

◎ 고려사항

이 시기의 영아는 아직 위험 상황에 대해 스스로 대처하는 능력이 미숙하므로,

항상 주양육자가 각별한 주의와 관찰을 해야 한다.

언어 이해력이 지체된 장애영아의 경우는 주양육자가 "안 돼!"라고 말하는 것에 대해 바로 반응하지 못할 수 있다. 따라서 영아가 이 말의 의미를 이해하도록 다른 영아가 이 말에 바르게 반응하는 상황을 보여 주며, "안 돼!"라는 언어적 제지와 함께 '위험'이 절대금지 상황임을 알게 한다. 칼, 불, 도로, 높은 곳, 안전망이 없는 건물 외부 등에 혼자 접근하는 것과 같은 위험행동은 영아의 탐구심이나 정서발달에 대한 고려를 넘어 절대 해서는 안 되는 행동으로 인지시켜야 한다.

청각장애 영아의 경우는 위험 상황에 부딪혀도 언어적 신호나 제지를 받아들이는 데 한계가 있으므로 위험한 상황이나 물건, 위험 대상(예: 동물)에 대해 "안 돼!" "하지 마!" "뜨거워!" 등의 말과 함께 손짓이나 단호한 표정을 함께 보여 주어야 한다. 이때 주양육자는 항상 일관성을 가지고 반응해야 한다.

◎ 목표행동 성취기준

영아는 위험 상황을 스스로 피하거나, 주양육자가 "안 돼!"라고 했을 때 행동을 멈추는 것을 하루 일과 중 최소 5회 이상 보인다.

07 월령: 25~30개월

1. 목표행동

'크다, 작다'를 이해한다.

◎ 목표행동 성취의 중요성

실제 사물 중에 어느 것이 큰지 또는 작은지 물을 때 가리키거나 찾아내는 것은 크기와 관련된 단어(예: 크다, 작다)를 이해하고 크기에 대한 개념을 인지해야만 가능한 발달과정이며, 이는 추후 크기에 대한 개념 발달에 중요한 영향을 미친다.

◎ 자료

크기가 다르지만 모양이 같은 놀잇감(예: 크기가 차이 나는 놀잇감 차, 모양은 같고 색깔과 크기가 다른 컵이나 블록이나 인형), 벽돌블록

◎ 목표행동 성취를 위한 단계적 지도과정

step 1 주양육자는 크기가 현저하게 차이 나는 놀잇감 차 두 개를 제시한다.

step 2 주양육자는 뒤로 물러나 앉으면서 "○○야, 큰 자동차를 굴려 주세요."라고 말한다.

step 3 주양육자는 영아가 정확하게 큰 자동차를 굴리면 칭찬한 후, "이번엔 작은 자동차를 굴려 주세요."라고 말한다. 이때 크기에 따라 큰 자동차는 큰 목소리로, 작은 자동차는 작은 목소리를 들려주면서 언어적 도움을 함께 제공한다.

step 4 영아가 주양육자의 지시에 맞지 않는 것을 주면 두 개의 놀잇감 차를 영아의 앞에 두고 크기를 비교하며 설명한다. 다시 거리를 두고 앉아서 영아에게 지시에 따라 놀잇감 차를 굴리게 하는 과정을 반복한다.

◎ 일상생활에서의 지도과정

빨래를 하기 전에 성인의 옷과 영아의 옷을 분류해 보도록 한다(예: "○○야, 아빠 큰 양말은 이 통에 담고, ○○ 작은 양말은 여기 넣자.").

간식 시간에 크기 차이가 있는 과자나 빵을 두 개 주고 '크다/작다'를 물은 후 영아가 선택하도록 한다.

식사 시간에 성인의 그릇과 영아의 그릇, 성인의 숟가락과 영아의 숟가락을 식탁 위에 놓는 심부름 활동을 통해 '크다/작다'의 개념과 함께 기초 수 세기 및 분류 개념도 익힐 수 있도록 지도한다.

그림책에 있는 동물 그림에서 동물의 크기를 비교하거나 색밀가루 반죽, 손바닥을 이용해 크기 개념을 알아본다.

◎ 고려사항

인지적 개념을 강조하는 활동은 자칫 영아가 놀이나 활동에 대한 흥미를 잃게 만들 수 있으므로 놀이를 통해 자연스럽게 익힐 수 있도록 유도한다. '크다/작다' 등의 개념을 질문할 때 정답을 강조하기보다는 틀렸을 때 크기 차이가 나는 사물을 시각적, 촉각적으로 비교하면서 올바른 답을 알려 준다. 또한 제시한 놀잇감이나 사물은 색과 형태 면에서 영아의 특별한 선호가 반영되지 않은 자료여야 한다.

시각장애 영아의 경우도 동일하게 지도하며 '크다'(키가 크다) 하면 일어서고 '작다'(키가 작다) 하면 앉는 놀이를 통해 흥미롭게 익힐 수 있도록 한다. 이때 일어서서 팔을 위로 뻗으면 풍선이나 좋아하는 놀잇감을 만질 수 있도록 하고 앉아서 손을 바닥에 대면 또 다른 놀잇감이 닿도록 해 두면 효과적이다.

◎ 목표행동 성취기준

영아가 크고 작은 사물을 올바르게 분류하는 행동을 10회 시도 중 최소 8회 이상 보인다.

2. 목표행동

5~10분간 동화책을 읽어 주면 듣는다.

◎ 목표행동 성취의 중요성

이 시기의 영아는 이야기가 전개되는 그림책에 대한 흥미와 관심이 높아진다. 스스로 읽으려고도 시도하지만 주양육자 등의 성인이 읽어 주는 책에 더 많은 관심을 보이고, 같은 이야기를 반복해서 듣는 것을 좋아한다. 따라서 주양육자가 읽어 주는 이야기를 듣고 기억하고 회상하는 것은 이 시기 영아의 주의집중력과 기억력 발달에 중요한 영향을 미친다.

◎ 자료

영아가 좋아하는 그림책(예: 팝업북이나 촉감책, 소리 나는 그림책, 숨은 그림이 있는 책, 단단한 종이나 종이판지로 만들어진 책, 단순한 내용 또는 반복적인 리듬과 친근한 주제로 된 것, 단순하고 깨끗한 그림으로 묘사된 그림책)

◎ 목표행동 성취를 위한 단계적 지도과정

step 1 주양육자는 영아에게 보고 싶은 책을 가져오게 하거나 영아와 함께 책을 선택해 본다.

step 2 주양육자는 영아를 무릎에 앉히고 소리 내어 책을 읽어 준다.

step 3 주양육자는 영아가 관심을 보이지 않을 때는 다른 책을 가져와서 읽어 준다. 책을 읽어 주면서 영아 스스로 책장을 넘기며 관심을 지속적으로 가질 수 있도록 유도한다.

step 4 주양육자는 그림책에 나오는 특징적인 그림들을 가리키며 책의 내용과 연관 지어 영아와 이야기를 나눈다(예: "○○야, 멍멍이 어디 있지? 멍멍이가 누구를 잡으려고 해?").

◎ 일상생활에서의 지도과정

동적인 활동을 한 후에나 잠자리에 들기 전에 주양육자는 영아에게 소리 내어 책을 읽어 준다. 영아와 주양육자가 역할을 바꾸어서 영아가 주양육자에게 책을 읽어 주는 활동을 한다.

◎ 고려사항

영아에게 제시할 그림책은 내용이 단순하고 반복적이면서 글자 수가 적고 그림이 책의 내용을 잘 나타낸 책, 촉감을 느끼도록 구성된 책, 소리가 나는 그림책 등을 선정하여 준비한다.

시각장애 영아의 경우는 촉감 그림책과 더불어 점자가 함께 있는 것을 활용하는 것이 효과적이다.

◎ 목표행동 성취기준

영아는 주양육자가 일정 시간에 걸쳐 지속적으로 책을 읽어 주었을 때 5~10분간 집중하여 듣는 행동을 일주일 동안 최소 5회 이상 보인다.

3. 목표행동

'동그라미, 세모, 네모'를 같은 것끼리 짝짓는다.

◎ 목표행동 성취의 중요성

동그라미, 세모, 네모가 있는 형태판의 모양을 섞어서 제공했을 때 같은 모양 또는 패턴끼리 분류하여 짝짓기를 하는 행동은 형태에 대한 개념이 형성되어야 가능한 발달과정이며, 이는 수학 개념 형성에 중요한 역할을 한다.

◎ 자료

동그라미, 네모, 세모 모양이 있는 꼭지 퍼즐 두 쌍

◎ 목표행동 성취를 위한 단계적 지도과정

step 1 주양육자는 동그라미, 네모, 세모 모양이 있는 꼭지 퍼즐 두 쌍을 분류하는 시범을 보인다.

step 2 주양육자는 영아에게 이를 제시한 후 스스로 할 수 있는지 관찰한다.

step 3 주양육자는 한 가지 모양의 퍼즐을 영아에게 보여 주며 그것과 같은 모양의 퍼즐을 찾도록 지시한다.

step 4 주양육자는 영아가 각각의 모양을 일치하게 찾을 수 있는지 질문한 후 바르게 찾지 못하면 다시 한 번 같은 모양끼리 찾는 시범을 보인다. 영아가 다시 시도하여 실패한 경우 주양육자는 영아와 함께 같은 모양을 찾아본 후 이를 반복해서 시도한다.

◎ 일상생활에서의 지도과정

일상생활용품 중 모양을 나타내는 사물(예: 동그란 시계, 네모난 텔레비전)을 찾는 게임을 하며 모양과 실제 사물을 일대일 대응해 본다.

동그라미, 세모, 네모 등의 모양 스티커로 같은 모양끼리 붙이기 활동을 제시한다. 모양별 스티커 구입이 어렵거나, 스티커가 작아서 활동이 어려울 경우에는 시트지를 모양별로 잘라 제공할 수 있다. '똑같아요' 노랫말을 개사하여(예: "무엇이 무엇이 똑같을까, 세모 두 개가 똑같아요!") 동기유발을 시키면서 활동을 확장한다.

◎ 고려사항

기본 도형의 퍼즐을 두 쌍씩 구입하기 어려운 경우에는 두꺼운 종이(예: 하드보드지)를 이용해 동그라미, 세모, 네모 모양을 만들어 제시한다.

지체장애 영아의 경우는 손으로 퍼즐 조각을 잡기 어려우므로 주양육자가 퍼즐 조각을 퍼즐 판 위에 놓아 주면 손으로 퍼즐 조각을 밀어서 퍼즐 구멍에 넣도록 지도한다.

시각장애 영아의 경우는 손가락보다는 손바닥 전체로 형태를 인식하도록 돕는다. 퍼즐 또는 사물의 크기는 영아가 두 손으로 감싸 쥐었을 때 그 형태를 알 수 있는 정도가 좋다. 퍼즐을 사용할 경우 손잡이가 있는 퍼즐이어야 한다.

◎ 목표행동 성취기준

영아는 자신에게 제시된 기본 도형(동그라미, 세모, 네모) 모양의 놀잇감을 정확하게 같은 모양끼리 짝짓는 행동을 10회 시도 중 최소 8회 이상 보인다.

4. 목표행동

'빨간색, 노란색, 파란색, 검은색, 초록색' 중에서 4개 색을 말한다.

◎ 목표행동 성취의 중요성

색과 색의 이름을 서로 대응하고 이름을 말하는 행동은 색을 분류하고 색의 이름을 인지해야만 가능한 발달과정이다.

◎ 자료

12색 크레파스, 색종이, 다양한 색의 사물

◎ 목표행동 성취를 위한 단계적 지도과정

step 1 주양육자는 '빨강, 노랑, 파랑, 검정, 초록'의 다섯 가지 색을 이용하여 그림 그리는 시범을 보인다(예: 같은 모양의 모자를 빨간 모자, 노란 모자, 파란 모자 등으로 색을 달리하여 그린다).

step 2 주양육자는 영아에게 그림에 대해 설명하면서 어떤 색으로 그림을 그렸는지 이야기한다. 영아에게 함께 같은 그림을 그려 보자고 제안하며 그림과 같은 색의 크레파스를 통에서 꺼내게 한다.

step 3 영아가 꺼낸 크레파스의 색 이름을 질문한다. 영아가 정확하게 대답하면 칭찬하고, 그렇지 못하면 색 이름을 이야기해 주고 따라서 말해 보도록 하는 과정을 반복한다.

◎ 일상생활에서의 지도과정

외출할 때 색이 다른 양말이나 티셔츠 등으로 "오늘은 어떤 색 양말(티셔츠)을 신을까?"라고 질문하며 영아가 색 이름을 정확하게 말하면 칭찬하고 말하지 못하면 선택한 색의 이름을 다시 한 번 이야기해 주어 색 이름을 익히도록 지도한다.

노래를 개사해서(예: '눈은 어디 있나'를 '○○색은 어디 있나'로 변경), 지시하는 색의 일상사물 찾기 놀이를 한다.

교육기관에서는 교사가 언어 영역에서 영아 두세 명을 앉혀 놓고 영아가 자신이 입고 있는 옷을 먼저 탐색하게 한 다음 교사가 말하는 색이 자기 옷에 있는지 찾게 하는 놀이를 통해 색 이름을 지도한다.

◎ 고려사항

색 이름을 지나치게 강조하면 영아가 활동에 대해 오히려 흥미를 잃기 쉬우므로, 놀이나 활동을 통해 색 이름을 자연스럽게 듣고 경험하게 한다.

같은 색 구슬을 찾아 실에 꿰어 목걸이 만들기, 같은 색 원반을 바닥에 깔아 색

징검다리 만들기 등 직접 움직이며 할 수 있는 다양한 놀이 활동을 경험하게 한다.

뇌성마비 영아의 경우는 발음의 부정확하여 색을 정확히 말하지 못할 수 있다. 이때는 영아가 비슷한 소리만 내도 칭찬하여 성공감을 느끼게 해 준다.

시각장애 영아 중 색 구분이 가능한 저시력 영아의 경우는 위의 지도과정과 동일하게 지도하고, 색 구분이 불가능한 전맹 영아의 경우는 구체물 또는 영아가 일상생활에서 사용하는 물건을 색과 연관시켜 익히도록 지도한다(예: 사과-빨강, 바나나-노랑, 청바지-파랑).

◎ 목표행동 성취기준

영아는 '빨강, 노랑, 파랑, 검정, 초록'의 색을 지닌 다양한 사물의 색 이름을 질문 받았을 때, 색 이름을 4개 이상 정확하게 대답하는 행동을 10회 시도 중 최소 8회 이상 보인다.

5. 목표행동

역할놀이에 참여한다.

◎ 목표행동 성취의 중요성

다른 사람의 역할을 하며 놀이하는 역할놀이는 사회적 놀이로서 상위의 놀이 형태라고 할 수 있으며, 이는 다른 사람의 입장에서 감정을 이해하고 그 역할에 대한 책임감을 자연스럽게 알게 도와준다. 이러한 역할놀이에 참여하는 것은 아동의 인지발달에 중요한 역할을 한다.

◎ 자료

다양한 역할을 표현하는 놀잇감(예: 요리사 모자, 의사 가운), 소품(예: 청진기, 돈,

음식모형, 그릇)

◎ 목표행동 성취를 위한 단계적 지도과정

step 1 주양육자는 역할놀이 놀잇감을 가지고 먼저 놀이하는 시범을 보인다(예: 병원놀이의 경우 의사 청진기를 끼고 인형을 진찰하는 흉내 내기).

step 2 영아가 관심을 보이면 주양육자는 영아에게도 역할을 부여한다(예: “이 환자에게 주사 놔 주세요.”).

step 3 영아와 주양육자는 서로의 역할을 바꿔서 놀이를 지속하며 확장해 나간다.

◎ 일상생활에서의 지도과정

이 시기의 영아는 주양육자의 행동에 관심이 많고 이를 모방하려고 한다. 따라서 영아가 주양육자를 도와 다양한 활동을 하도록 간단한 소품을 제공한다(예: 주양육자가 청소하는 것을 보고 따라 하려고 할 때 작은 손걸레나 작은 빗자루와 쓰레받기 등을 제시). 소품을 이용해 영아가 주양육자의 일을 도울 때마다 격려한다.

가정에서 요리를 할 때 영아도 앞치마를 입고 밀가루 반죽 같은 것을 함께 주물

러 보게 한다.

◎ 고려사항

이 시기의 영아는 주양육자인 엄마, 아빠의 성역할을 놀이를 통해 흉내 내면서 배우기 때문에 성에 대한 선입견이 생기지 않도록 남녀의 역할을 단정적으로 구분짓지 않도록 한다.

시각장애 영아의 경우는 놀이를 할 때 주양육자가 영아의 손을 잡고 소품을 만져 보게 하면서 이용 방법을 설명해 주며 함께 놀이한다.

보육기관에서는 영아가 시기적으로 특히 관심을 갖고 활동하는 역할놀이에 필요한 영역이나 교구를 충분히 준비하여 영아끼리 놀잇감에 대한 다툼을 하지 않도록 미연에 방지하며, 충분히 역할놀이를 즐길 수 있는 시간을 준다.

◎ 목표행동 성취기준

영아는 다양한 교구를 이용하여 다양한 역할을 수행하는 행동을 10회 시도 중 최소 8회 이상 보인다.

6. 목표행동

도형 판에 '동그라미, 세모, 네모'를 끼워 넣는다.

◎ 목표행동 성취의 중요성

영아가 도형 판에 '동그라미, 세모, 네모'를 제대로 끼워 맞추는 것은 원, 세모, 네모 등 형태에 대한 항상성이 생겨야 가능한 발달과정이다.

○ 자료

동그라미, 세모, 네모 모양이 있는 도형 판

○ 목표행동 성취를 위한 단계적 지도과정

step 1 주양육자는 동그라미, 세모, 네모 모양이 맞춰진 도형 판을 영아에게 보여 준다.

step 2 주양육자는 영아가 보는 앞에서 모양을 하나씩 뺀 후 영아가 다시 틀에 넣어 보도록 지시한다.

step 3 영아가 어려워하면 주양육자는 시범을 보인 후 모양블록을 틀 근처에 놓아 주거나 맞추어야 할 도형 판을 제외한 나머지 도형 틀에 주양육자가 먼저 끼워 넣고 남은 것을 영아에게 맞추도록 유도한다.

step 4 영아가 틀에 맞춰 끼워 넣지 못할 경우 주양육자는 영아의 손을 잡고 함께 끼워 넣으며 "우리 ○○, 퍼즐 잘 맞추네. 세모가 되었네!"라고 칭찬한다.

step 5 영아 혼자 도형판을 완성하면, 주양육자는 다시 도형들을 섞어서 제시한 후 영아 스스로 맞추도록 지도한다.

○ 일상생활에서의 지도과정

집 안에 있는 사물 중에 동그라미, 세모, 네모 모양(예: 동그란 시계나 거울, 네모난 컴퓨터나 텔레비전)을 가진 사물 찾기 놀이를 하며 같은 모양끼리 분류하는 활동을 한다.

◎ 고려사항

모양을 식별하여 도형 퍼즐 판에 끼우기 어려워할 경우에는 빨간색 동그라미는 빨간색 틀에, 파란색 네모는 파란색 틀에 넣도록 색으로 단서를 제공하며, 영아가 성공하면 색이 아닌 모양을 식별해서 맞추도록 색 단서는 없애고 제시한다.

시각장애 영아의 경우는 색 대신 촉감으로 구분할 수 있는 단서를 주며, 도형퍼즐은 손잡이가 있는 것을 사용한다.

뇌성마비 영아와 상지기능장애 영아의 경우는 주양육자가 도형 틀 위에 모양판을 놓아서 도형 틀 구멍에 모양판을 밀어 넣도록 유도한다.

◎ 목표행동 성취기준

영아는 도형판에 정확하게 동그라미, 세모, 네모 도형을 맞추어 완성하는 행동을 10회 시도 중 최소 8회 이상 보인다.

7. 목표행동

2개의 숫자를 말한 후 영아에게 바로 따라 하도록 하면 2개의 숫자를 바른 순서대로 말한다.

◎ 목표행동 성취의 중요성

소리를 듣고 기억하여 말하는 것은 기억력과 집중력, 청각적 자극에 대한 변별력이 있어야 가능한 발달과정이며, 숫자를 듣고 바른 순서대로 말하는 것은 수학뿐만 아니라 읽기를 위한 선행기술이 되므로 이 시기에 숫자에 대한 소리를 듣고 식별하는 활동은 인지발달에 중요한 영향을 미친다.

◎ 자료

숫자와 숫자만큼의 그림이 있는 숫자카드

◎ 목표행동 성취를 위한 단계적 지도과정

step 1 주양육자는 숫자노래(예: 전래동요인 숫자풀이, 10의 노래, 열 작은 인디언, 코끼리와 거미줄)를 들려주며 순서대로 수 세기에 대해 자연스럽게 익히도록 유도한다.

step 2 주양육자는 두 개의 숫자카드를 보여 주며 숫자(예: '7, 3')를 말한 후 영아에게 바로 따라 말하도록 지시한다. 말하는 것을 이해하지 못할 경우 놀잇감 마이크나 긴 막대기를 마이크처럼 이용해 주양육자가 말한 후 마이크를 영아에게 대 주어 따라 말하게 한다.

step 3 영아가 어려워할 경우 주양육자는 천천히 발음하면서 들려준다. 필요한 경우 입모양을 보여 주며 따라 말하도록 한다. 맞혔을 때 칭찬해 주며 들려주었던 숫자의 순서를 거꾸로 혹은 다른 숫자를 들려주며 이 과정을 반복한다.

◎ 일상생활에서의 지도과정

계단을 오르내릴 때, 간식으로 과자를 먹을 때, 블록을 정리할 때 등 다양한 상황에서 1부터 10까지 순서대로 함께 세며 숫자의 이름을 익히도록 지도한다.

◎ 고려사항

색을 지도할 때와 마찬가지로 수 개념도 지나치게 강조하면 영아가 활동에 대해 오히려 흥미를 잃을 수 있으므로 자연스럽게 놀이나 활동을 통해 익히며 경험하도록 해 준다.

뇌성마비 영아의 경우는 발음이 부정확하여 숫자를 정확히 말하지 못할 수 있으므로 이때는 영아가 비슷한 소리만 내도 칭찬을 해 주어 성공감을 느끼도록 해 준다.

청각장애 영아의 경우는 숫자를 소리로 듣고 식별하는 데 어려움을 가질 수 있으므로 천천히 크게 말해 주어 청각적으로 변별력을 높여 준다. 숫자를 소리로만 식별하기에 어려운 경우에는 숫자카드, 그림카드를 함께 제시하면 효과적이다.

'하나, 둘, 셋, 넷' 보다는 '1, 2, 3, 4' 와 같이 기계적 수 세기가 기본이 되므로 이를 먼저 연습시킨다.

◎ 목표행동 성취기준

영아는 주양육자가 두 개의 숫자(예: '7, 3')를 말한 후 바로 따라 하라고 지시했을 때 숫자를 바른 순서대로 말하는 행동을 10회 시도 중 최소 8회 이상 보인다.

8. 목표행동

영아가 그림을 그리고 난 다음에 간단한 낙서라도 주양육자에게 자신이 무엇을 그렸다고 말한다.

◎ 목표행동 성취의 중요성

자신이 그린 그림에 의미를 부여하는 것은 자신을 표상하는 능력이 있어야 가능한 발달과정이며, 이는 점차 단순한 표상에서 창의적인 표상으로 발달되어 영아의 인지발달에 중요한 영향을 미친다.

◎ 자료

그리기 도구(예: 무독성의 크레용, 매직펜, 물감, 높이와 각도를 조절할 수 있는 이젤, 큰 종이, 도화지, 색종이, 쉽게 사용할 수 있는 뭉툭한 가위, 칠판과 큰 분필)

◎ 목표행동 성취를 위한 단계적 지도과정

step 1 주양육자는 영아에게 그리기 도구를 제공한 후 그림을 그려 보도록 제안한다.

step 2 영아가 그림을 다 그린 후 주양육자에게 그림에 대해 설명하면 경청한다.

step 3 영아가 이야기를 하지 않을 경우 주양육자가 그림에 대해 질문한다(예: "무슨 그림 그렸어요?" "엄마에게 이야기해 주세요.").

step 4 영아가 자신의 그림에 대해 설명할 때 영아의 부족한 설명을 주양육자가 더 풍성하게 문장을 구사하며 들려준다(예: 영아가 "자동차 그렸어." 라고 말하면 주양육자가 "○○가 네모난 창문이 달린 빨간색 자동차를 그렸구나."라고 말한다).

step 5 영아가 그림을 그린 뒤 자신이 그린 그림에 대해 표현을 하면, 주양육자는 그림 옆에 말풍선 등을 이용하여 글씨를 써 준다. 그리고 영아가 잘 볼 수 있는 곳에 작품처럼 게시하고, 영아에게 "○○가 그린 그림이 정말 멋져서 엄마가 이렇게 걸어 두었지. 정말 멋지다."라고 의미를 부여해 준다.

◎ 일상생활에서의 지도과정

그림일기 등의 방법을 통해 영아와 하루 동안에 있었던 일, 사건, 경험에 대해 이야기를 나누고 그림으로 함께 그려 보는 시간을 갖는다.

주양육자는 영아와 책을 함께 읽은 후 책 줄거리에 대해 간단한 이야기를 나눈 다음 책에 나온 주인공이나 사건에 대해 함께 그려 보고 그림에 대해 설명하는 시간을 갖는다.

◎ 고려사항

그림을 잘 그리는 것에 초점을 두기보다는 영아가 자신의 그림에 대해 설명하는 것에 적절하게 반응하며 격려해 주는 것이 중요하다.

청각장애 영아의 경우는 알고 있는 어휘와 몸짓을 최대한 활용하여 표현하게 유도한다.

시각장애 영아의 경우는 영아가 그리기 도구와 그림을 그리는 것에 관심을 가지고 자연스럽게 놀이할 수 있도록 적극적으로 반응하며 격려해 준다.

◎ 목표행동 성취기준

영아가 그림을 그리고 난 다음에 자발적인 경우든 주양육자가 질문을 한 경우든 간에 주양육자에게 자신의 그림을 설명하는 행동을 10회 시도 중 최소 8회 이상 보인다.

9. 목표행동

블록이나 구슬을 1~2개 달라고 하면 정확하게 준다.

◎ 목표행동 성취의 중요성

사물과 수를 일대일로 대응하는 것은 수 개념이 생겨야 가능한 발달과정이며, 이는 사물이 하나일 때 수 하나와 같다는 것을 아는 것으로서 수 개념의 기초를 형성하는 데 중요한 역할을 한다.

◎ 자료

블록 또는 구슬, 코팅한 음식 사진

◎ 목표행동 성취를 위한 단계적 지도과정

step 1 주양육자는 영아 앞에 한 개의 블록이나 구슬을 놓고 "○○야, 구슬이 몇 개가 있니?"라고 질문한다.

step 2 주양육자는 영아가 대답하지 못하면 "○○야, 구슬이 한 개가 있네. 몇 개니?"라고 다시 질문한 후 함께 구슬을 소리 내어 세어 본다. 예를 들어, 주양육자가 "○○ 손에 구슬이 한 개가 있네. 그럼 엄마랑 같이 여기 있는 바구니 속에 구슬을 담아 볼까? 구슬 한 개 쏙." 하고 말하면서 영아와 함께 바구니에 있는 구슬을 숫자로 세어 보면서 담아 보고 꺼내 보고 하는 활동을 반복한다.

step 3 "엄마에게 구슬을 한 개만 줄 수 있어?"라고 말한 뒤, 영아가 엄마에게 구슬을 한 개 주면 "우와, 우리 ○○가 엄마에게 구슬을 한 개 주었네. 정말 잘했어요."라고 칭찬해 준다.

step 4 주양육자는 영아가 한 개의 사물을 인지했다는 것이 확실해지면 두 개의 구슬을 놓고 동일한 방법으로 지도한다.

◎ 일상생활에서의 지도과정

간식 시간에 과자 등을 이용하여 수에 관한 질문을 한다(예: "○○야, 접시에 과자가 몇 개 있니?" "엄마도 과자 한 개 주세요." "엄마와 과자 세어 보자. 하나, 둘, 셋.").

음식 사진을 이용해 역할놀이를 하며 수에 관한 질문을 한다(예: "아이스크림 가게지요? 아이스크림 두 개 주세요."라고 하면 아이스크림 사진을 개수에 맞게 건네기).

◎ 고려사항

크기가 작은 구슬은 영아가 삼킬 우려가 있으므로 크기가 큰 구슬을 제공한다.

뇌성마비 영아의 경우는 발음이 정확하지 못하여 스스로 말을 하지 않으려고 할 수 있으므로 이때는 영아의 왼쪽에 블록이나 구슬을 한 개, 오른쪽에 두 개를 놓고 주양육자의 질문에 고갯짓이나 눈동자로 지적하게 유도한다.

시각장애 영아의 경우는 굴러갈 우려가 있는 구슬보다는 숟가락 또는 막대 사탕 등 손에 쥐기 용이한 구체물을 사용하여 동일한 방법으로 지도한다.

◎ 목표행동 성취기준

영아는 주양육자가 블록이나 구슬 등의 사물을 한 개 또는 두 개 요구할 때 정확한 개수를 건네는 행동을 10회 시도 중 최소 8회 이상 보인다.

08 월령: 31~36개월

1. 목표행동

사물의 그림 중에서 일부분을 보여 주면 그 사물의 이름을 말한다.

◎ 목표행동 성취의 중요성

사물의 일부분을 제시한 후 사물의 이름을 알아맞히는 활동은 사물의 부분을 보고 전체를 이해하는 부분-전체 개념이 형성되어야 가능한 발달과정이며, 이는 영아의 인지발달에 중요한 영향을 미친다.

◎ 자료

다양한 사물 그림 카드

◦ 목표행동 성취를 위한 단계적 지도과정

step 1 주양육자는 영아에게 수수께끼 놀이를 하자고 제안한다(예: "○○야, 나는 누구일까요? 알아맞혀 볼까요?").

step 2 주양육자는 다양한 사물을 나타낸 그림카드의 일부분을 보여 주기 이전에 사물의 기능과 모습에 대해 수수께끼를 낸다(예: "나는 손잡이가 있어요. 종이를 자를 때 써요.").

step 3 주양육자는 영아에게 그림카드의 일부분을 보여 주면서 무엇인지 질문한다. 영아가 맞히지 못할 때 그림카드의 부분을 더 많이 보여 준다.

step 4 주양육자는 영아가 어려워하면 전체 그림카드를 보여 주어 영아가 알고 있는지 확인하고, 만약 모를 경우에는 다른 그림카드를 제시하며 이 과정을 반복한다.

◦ 일상생활에서의 지도과정

영아와 책을 읽을 때나 함께 일상적 활동을 할 때, 사물의 서로 다른 부분에 대해 이야기 나눈다(예: "○○야, 저 컵에 ○○가 잡기 편하게 손잡이가 달렸네." "모자에 리본이 달렸네." "저기 자동차 바퀴가 ○○보다 더 크네.").

◎ 고려사항

다양한 사물의 어휘를 익히는 것이 중요하지만, 그림카드로 활동할 때 영아가 쉽게 좌절하지 않도록 익숙한 사물에서 시작해서 점차 다양한 사물로 확장해야 한다. 또한 그림카드와 함께 실물을 제공하면서 활동하면 이해하기가 더 쉽고 영아의 흥미를 유발하는 데 도움이 된다.

시각장애 영아의 경우는 그림카드가 아닌 실제 사물의 일부분을 만지도록 해 준다.

뇌성마비 영아의 경우는 발음이 정확하지 못하여 스스로 말을 하지 않으려고 하거나 장애가 심하여 언어표현이 전혀 되지 않을 수 있다. 이때는 영아의 상하좌우에 일부분이 보이는 그림카드 4장을 놓아 두고 주양육자의 질문에 영아가 고갯짓이나 눈동자로 지적하게 한다. 이때 영아의 고개에 무리가 가지 않도록 주의한다.

◎ 목표행동 성취기준

영아는 주양육자가 다양한 상황에서 사물이나 사진의 특정 부분을 보여 주었을 때 사물의 이름을 정확히 맞히는 행동을 10회 시도 중 최소 8회 이상 보인다.

2. 목표행동

길이가 다른 선을 보여 주고 어느 것이 길고 짧은지 물어보면 적절하게 대답한다.

◎ 목표행동 성취의 중요성

'길다-짧다'를 사물과 연관 지어 바르게 알고 대답하는 것은 '크다-작다'의 크기 개념에 대한 이해가 증진되면서 '길다-짧다' '가볍다-무겁다' 등 사물의 대비되는 특성을 인지해야만 가능한 발달과정이며, 이는 영아의 인지발달에 중요한 영향을 미친다.

◎ 자료

길이가 짧고 긴 연필, 자, 빨대, 기차블록 한 쌍, 길이가 다른 털실 등

◎ 목표행동 성취를 위한 단계적 지도과정

step 1 주양육자는 영아에게 길이가 현저하게 차이 나는 사물을 한 쌍 제시한다.

step 2 주양육자는 영아에게 "긴 빨대 엄마에게 주세요."라고 하였을 때, 영아가 정확하게 잡아서 건네면 "그래, 맞아. 이게 저것보다 길구나."라고 말한다.

step 3 주양육자는 길이가 다른 빨대의 위치를 다시 바꿔서 질문한 후 영아가 정확하게 대답하면 다른 사물도 동일한 방법으로 반복하여 지도한다.

step 4 주양육자는 실물을 가지고 길고 짧은 것을 영아가 정확하게 가리키면, 그림을 보며 길고 짧음을 알 수 있는지 살펴본다.

◎ 일상생활에서의 지도과정

일상사물 중에 서로 대비되는 특성을 가진 사물을 제공하면서 차이를 나타내는 용어를 사용할 기회를 준다(예: 크다–작다, 길다–짧다, 무겁다–가볍다, 따뜻하다–차갑다).

◎ 고려사항

처음에는 영아가 길고 짧음의 차이를 변별할 수 있도록 현저하게 길이 차이가 나는 것을 제시하고, 변별이 가능해지면 그 차이가 이전보다 적은 사물을 제시하여 길이 개념을 명확하게 형성하도록 돕는다.

자연스러운 놀이 활동에서 영아가 길이의 길고 짧음을 경험하도록 한다(예: 기차블록을 길게 또는 짧게 연결하기, 색도미노를 길게 또는 짧게 연결하기).

청각장애 영아의 경우는 몸짓을 함께 하여 길고 짧음을 변별할 수 있도록 하고, 더 나아가 발성이나 호흡 길이를 조절할 수 있는 활동을 제공한다(예: 크레파스로 선을 길게 또는 짧게 그리기, 소리를 길게 또는 짧게 내기).

시각장애 영아의 경우는 현저한 길이 차이를 보이는 구체물을 먼저 이용하도록 하고, 이후에는 종이끈을 바닥 또는 종이에 고정시킨 후 손으로 만져 길이의 차이를 구별할 수 있도록 지도한다.

◎ 목표행동 성취기준

영아는 길이가 다른 두 개의 사물 중 어느 것이 길고 짧은지 정확하게 선택하는 행동을 10회 시도 중 최소 8회 이상 보인다.

3. 목표행동

주양육자의 도움 없이 15~30분간 논다.

◎ 목표행동 성취의 중요성

주양육자의 도움 없이 15분 이상 혼자 놀이하는 것은 영아의 사물에 대한 주의 집중 시간이 향상되어야 가능한 발달과정이며, 이는 영아의 인지발달에 중요한 영향을 미친다.

◎ 자료

영아가 좋아하는 놀잇감

◎ 목표행동 성취를 위한 단계적 지도과정

step 1 주양육자는 영아에게 다양한 종류의 놀잇감을 제시하며 그 기능에 대해 간단하게 설명하고 시범을 보인다.

step 2 영아가 놀잇감에 흥미를 보이고 놀이를 시작하면 주양육자나 교사는 잠시 자리에서 벗어나 영아가 혼자서 놀이하도록 둔다.

step 3 주양육자는 영아가 놀잇감에 관심을 보이지 않으면 다른 놀잇감을 제공하며 이 과정을 반복한다.

◎ 일상생활에서의 지도과정

영아가 놀이한 후에 스스로 놀잇감을 정리하도록 일관성 있게 지도한다.

◎ 고려사항

주양육자는 영아가 혼자 놀이를 하더라도 혼자 두지 않고 곁에 머물면서 세심하게 관찰한다. 또한 영아가 주양육자에게 놀이에 동참하도록 요구할 때는 이에 민감하게 반응하여 함께 놀아 준다.

시각장애 영아의 경우는 영아의 손이 닿는 곳에 좋아하는 놀잇감을 다양하게 제공하고 영아에게 주변에 있는 놀잇감의 위치를 설명하여 알게 한 다음 놀이를 시작하도록 유도한다.

◎ 목표행동 성취기준

영아는 주양육자의 도움 없이 15~30분간 놀이를 지속하는 행동을 10회 시도 중 최소 8회 이상 보인다.

4. 목표행동

음식을 먹는 흉내, 음식을 요리하는 흉내, 기침을 하는 흉내 등을 내면서 역할놀이를 한다.

◎ 목표행동 성취의 중요성

놀이에서 음식 먹는 흉내 또는 요리하는 흉내를 내며 역할놀이를 하는 것은 자신이 내재적으로 형성하고 있는 표상을 여러 형태의 상징으로 표현할 수 있어야 가능한 발달과정인데, 이는 1~3세 사이에 흔하게 나타나며 이 시기 인지발달에 큰 영향을 미친다.

◎ 자료

역할놀이를 위한 자료(예: 보자기, 블록, 인형, 치장용 놀잇감/소꿉놀이 교구/병원놀이 소품–의사용품, 간호사용품/사무실용품/가정용품–놀이용 다리미판과 다리미, 전화, 그릇과 팬, 청소도구/인형도구–침대, 이불, 유모차, 의자)

◎ 목표행동 성취를 위한 단계적 지도과정

step 1 주양육자는 영아가 주로 놀이하는 장소에 준비한 자료를 제공한 후 영아가 어떻게 놀이하는지 관찰한다.

step 2 영아가 역할놀이를 시도하면 주양육자는 "○○야, 지금 무슨 놀이 해요? 냠냠 음식 먹는 거니?"라고 말한다. 만약 영아가 제공한 놀잇감에 관심이 없거나 놀이를 시도하지 않는다면 주양육자가 자료를 이용하여 역할놀이 시범을 보인다(예: 음식을 먹는 흉내, 음식을 요리하는 흉내, 기침을 하는 흉내).

step 3 영아가 역할놀이를 시작하면 주양육자는 영아가 하는 역할놀이 행동을 모방하면서 놀이에 참여하며 놀이를 지속하면서 확장시킨다(예:

영아가 음식을 요리하는 흉내를 내면 주양육자는 "○○야, 엄마 배고파요. 음식 만들어 주세요. 무슨 음식이야? 잘 먹을게요.").

◎ 일상생활에서의 지도과정

주양육자가 놀이파트너가 되어 다양한 역할을 가상하여 놀이하도록 시범을 보이며 놀이를 확장한다(예: "엄마가 의사 할게. ○○는 환자 하자."와 같이 역할을 서로 바꿔 가며 놀이 지속하기).

◎ 고려사항

주양육자가 대치하여 놀이할 사물을 제시하는 것은 점차 줄이고, 영아가 사물에 의미를 부여하도록 지켜본다. 영아가 다양한 사물에 의미와 기능을 부여하여 놀이하면 주양육자는 그대로 따라 하며 놀이에 참여한다. 영아가 대치해서 놀이하기에 위험한 사물(예: 칼, 가위, 약품)은 영아의 눈에 보이지 않는 곳이나 손에 닿지 않는 곳에 보관한다.

◎ 목표행동 성취기준

영아는 역할놀이 하는 행동을 하루 일과 중 최소 5회 이상 보인다.

5. 목표행동

놀이에서 좀 더 복잡한 사건들을 표현한다.

◎ 목표행동 성취의 중요성

놀이에서 좀 더 복잡한 사건을 표현하는 것은 상징놀이에서의 통합이 이루어져야 가능한 발달과정이며(예: 영아가 인형을 블록으로 만든 자동차에 태우는 행동을 하고 똑같이 다른 인형에게도 반복하는 경우 '차에 태우기'라는 단일 주제는 단일 도식의 결합이라는 연속적 활동으로 통합된다), 이는 영아의 인지발달에 중요한 영향을 미친다. 이러한 놀이 형태를 보이는 것은 중요한 인지발달의 지표가 된다.

◎ 자료

다양한 소꿉놀이 교구(예: 인형, 놀잇감 동물, 영아용 유모차, 음식모형, 그릇, 장바구니), 영아가 놀이할 수 있는 주양육자의 낡은 물건(예: 넥타이, 앞치마, 성인용 신발, 빈 화장품 용기, 성인용 모자)

◎ 목표행동 성취를 위한 단계적 지도과정

step 1 주양육자는 다른 역할을 맡아 영아가 놀이를 시작하도록 제안하면서 영아에게 역할을 부여한다(예: "○○야, 엄마가 아기 할게. 아기가 배가 고픈데 어떻게 하지?" "네가 엄마 해. 지금 엄마가 시장에 가야 하는데 뭐가 필요할까?").

step 2 주양육자는 놀이를 함께 하면서 점점 복잡한 상징놀이를 하도록 지도한다. 예를 들면, 영아가 시장을 보러 온 손님 역할을 하면, 주양육자는 가게주인 역할을 하면서 상황을 재현하는 말을 하면서 놀이를 진행한다(예: "시장바구니를 들고 오셨군요. 무엇을 사러 오셨지요?").

◎ 일상생활에서의 지도과정

주양육자가 사용하지 않는 낡은 물건을 주며, 친구를 초대하여 서로 역할을 정해 상징놀이를 할 수 있도록 유도한다. 이때 영아가 또래와 서로 역할을 정하지 못한다면, 주양육자가 제안을 해 준다(예: "누가 엄마 하고, 누가 시장 아저씨 할래?").

◎ 고려사항

놀이 초반에는 주양육자 등 성인 주도로 진행하다가 점차 영아가 주도적으로 놀이를 이끌어 가도록 기다려 준다.

◎ 목표행동 성취기준

영아는 상징놀이를 할 때 복잡한 상황을 자발적으로 연출하는 행동을 최소 5회 이상 보인다.

6. 목표행동

4~5조각의 상호 연결된 퍼즐을 맞춘다.

◎ 목표행동 성취의 중요성

퍼즐 조각을 맞추는 것은 부분과 전체에 대한 개념을 이해해야만 가능한 발달 과정이며, 이는 영아의 인지발달에 중요한 역할을 미친다.

◎ 자료

4조각 이상의 퍼즐(예: 영아에게 친숙한 과일이나 동물 그림의 퍼즐)

◎ 목표행동 성취를 위한 단계적 지도과정

step 1 주양육자는 맞춰진 상태의 퍼즐을 영아에게 보여 준다.

step 2 주양육자는 퍼즐에 그려진 그림이 무엇인지 질문한 후 영아가 퍼즐 조각을 떼어 내도록 한다.

step 3 주양육자는 영아에게 다시 퍼즐을 맞춰 보게 한다.

step 4 영아가 어려워하면 주양육자는 몇 개의 조각을 맞추어 주고, 남은 마지막 조각 또는 두 개의 남은 조각을 영아가 맞추도록 유도한다. 이때 퍼즐 조각을 돌리거나 뒤집을 수 있다는 것을 알려 준다.

step 5 주양육자는 영아가 한 종류의 퍼즐을 맞출 수 있게 되면 다른 종류의 퍼즐을 시도하면서 이 과정을 반복한다.

◎ 일상생활에서의 지도과정

영아가 퍼즐을 스스로 꺼내서 맞출 수 있는 환경을 조성해 준다. 영아는 반복해서 놀이하는 것을 좋아하지만 한 퍼즐을 완전히 맞추게 되면 더 이상 그 퍼즐은 영아에게 학습 효과를 가져다주지 않으므로 주기적으로 퍼즐을 바꿔 주도록 한다.

퍼즐 판에 조각과 똑같은 그림이 제시된 퍼즐을 활용하여 인지, 소근육 발달을 증진시키고 활동을 하면서 주양육자와 영아가 함께 이야기를 나눔으로써 의사소통 능력도 향상시키도록 지도한다.

◎ 고려사항

퍼즐 조각을 잡기 어려워하는 영아에게는 손잡이가 있거나 조각이 큰 퍼즐을 제공한다. 조각 수가 더 많은 퍼즐로 넘어가기 전에 영아가 다양한 종류의 4~5조각 퍼즐을 시도하여 맞출 수 있도록 지도한다.

시각장애 영아의 경우는 전체를 부분으로 조각낸 퍼즐보다는 독립된 각각의 퍼즐을 찾아 끼우는 과정이 선행되어야 한다.

◎ 목표행동 성취기준

영아는 서로 연결된 4~5조각 퍼즐을 정확하게 맞추는 행동을 10회 시도 중 최소 8회 이상 보인다.

7. 목표행동

자신의 성별을 묻는 대답에 정확하게 말한다.

◎ 목표행동 성취의 중요성

자신의 성별에 대해 인식하고 바르게 대답하는 것은 자기 신체에 대한 특성과 개념을 이해해야 가능한 발달과정이며, 이는 영아의 인지발달에 중요한 영향을 미친다.

◎ 자료

남녀를 나타내는 그림자료, 인형, 동화책 등

◎ 목표행동 성취를 위한 단계적 지도과정

step 1 주양육자는 남녀 그림을 보여 주며 영아에게 "○○야, 남자 그림 주세요."라고 말한다.

step 2 주양육자는 그림의 위치를 바꿔 가며 질문했을 때 영아가 정확하게 대답하면 "○○는 여자예요, 남자예요?"라고 질문한다.

step 3 주양육자는 영아가 자신의 성별을 정확하게 대답하면 질문의 순서를 바꾸어서 "○○는 남자예요, 여자예요?"라고 다시 묻는다.

◎ 일상생활에서의 지도과정

가족 앨범을 함께 보며 성별에 대해 질문하며 같은 성별끼리 분류해 본다.

남녀 인형을 이용하여 남녀의 특성을 나타내는 소품(예: 핸드백, 하이힐, 넥타이, 치마, 면도기)을 짝지으며 성별을 구분지어 본다.

◎ 고려사항

이 시기의 영아는 선택형 질문에 대해 가끔 뒤에 제시된 예시를 따라 말하기도 하므로 바꾸어서 질문을 다시 한 번 해야 한다(예: "○○는 남자야, 여자야?" "○○는 여자야, 남자야?").

정확한 발음을 하기 어려운 뇌성마비 영아의 경우는 "○○는 남자예요?"라고 질문하고, 긍정의 대답은 "응."으로 답하고 부정의 대답은 발성을 하지 않는 것으로 한다. 또는 긍정과 부정의 표현을 고갯짓이나 눈짓으로 하여 대답을 하도록 유도한다.

시각장애 영아의 경우는 그림 대신 남녀 인형을 활용한다.

◎ 목표행동 성취기준

영아는 주양육자가 자신의 성별을 물었을 때, 적절하게 대답하는 행동을 10회 시도 중 최소 8회 이상 보인다.

8. 목표행동

'빨간색, 노란색, 파란색, 초록색, 갈색, 흰색, 검은색, 분홍색' 중에서 색 이름을 말하면 최소 5개 색을 지적한다.

◎ 목표행동 성취의 중요성

같은 색의 사물끼리 짝짓고 분류하기 시작하다가 한두 가지 색 이름을 익히게 되고 점차 다양한 색 이름을 인지하는 것은 같은 색의 사물을 변별할 수 있어야 가능한 발달과정이며, 이는 영아의 인지발달에 중요한 영향을 미친다.

◎ 자료

색종이, 색연필 또는 크레파스, 색을 나타내는 그림카드(예: 빨간색 사과, 노란색 바나나, 초록색 오이, 흰색 강아지, 분홍색 돼지)

◎ 목표행동 성취를 위한 단계적 지도과정

step 1 주양육자는 우선 한 가지 색을 가지고 시작한다. "○○야, 이건 무슨 색이지?"라고 질문한 후 영아가 어려워할 경우 "빨간 색이지."라고 말해 준 다음 곧바로 "이건 무슨 색이지?"라고 다시 질문한다.

step 2 주양육자는 두 장의 색종이를 앞에 두고 빨간색을 달라고 말한다. 영아가 어려워하면 빨간색으로 표현된 그림(예: 사과 그림카드)을 보여 주면서 "사과와 같은 색이네." 또는 "○○가 입고 있는 빨간색 바지와 같은 색이네." 하며 단서를 제공한다.

step 3 주양육자는 영아가 빨간 색종이를 건네면 다시 "이건 무슨 색이지?" 라고 질문해 정확한 대답을 요구한다. 영아가 정확하게 대답할 경우 다른 색도 동일한 방법으로 반복한다.

step 4 주양육자는 다른 색으로 활동을 하다가 다시 처음에 제시했던 색을 말해 주고 주양육자의 시범이나 예시 없이 지시하는 색을 지적하게 한다.

◎ 일상생활에서의 지도과정

평소 주양육자가 영아와 상호작용을 할 때 색과 관련된 언어적 상호작용을 많이 해 준다(예: "○○야, 엄마한테 노란색 휴지통 가져다주세요." "초록색 나뭇잎들이 많이 있네." "하늘이 파랗구나.").

외출할 때 다양한 색의 양말이나 티셔츠를 함께 고르면서 색 이름을 지도한다.

책을 읽어 주는 시간에도 책 속에 있는 다양한 색에 대해 이야기를 나누며 영아가 색 이름을 익히도록 돕는다.

◎ 고려사항

색 이름만 지나치게 강조하면 영아가 오히려 활동에 대해 흥미를 잃기 쉬우므로 놀이나 활동을 통해 색 이름을 자연스럽게 듣고 경험하도록 해 준다.

뇌성마비 영아의 경우는 정확한 발음을 하기 어려우므로 도화지 귀퉁이 4곳 각각에 색칠을 한 다음 영아가 질문에 고갯짓이나 눈짓으로 대답을 하도록 유도한다.

시각장애 영아의 경우는 실제 사물(예: 빨간 사과, 노란색 바나나, 초록색 오이)을 사용하는 것이 좋다.

◎ 목표행동 성취기준

영아는 주양육자가 여러 가지 색 이름을 말했을 때 5개 이상의 색을 정확하게 지적하는 행동을 10회 시도 중 최소 8회 이상 보인다.

9. 목표행동

숫자 중에서 '1'을 골라낸다.

◎ 목표행동 성취의 중요성

숫자 중에서 '1'을 선택하는 것은 숫자의 이름과 이를 상징하는 숫자에 대한 일대일 대응 개념이 형성되어야 가능한 발달과정이며, 이는 영아의 인지발달에 중요한 영향을 미친다.

◎ 자료

숫자 퍼즐 또는 숫자 카드, 시계

◎ 목표행동 성취를 위한 단계적 지도과정

step 1 주양육자는 영아에게 숫자 퍼즐 중에서 '1'과 '2'를 제시한 후 '1'을 찾도록 한다.

step 2 주양육자는 영아가 2개의 퍼즐 중에서 숫자 '1'을 선택했으면, 숫자 퍼즐 위치를 바꾼 후 다시 숫자 '1'을 골라내도록 한다.

step 3 주양육자는 영아가 반복해서 숫자 '1'을 맞게 선택하면, 숫자 퍼즐 수를 늘려 여러 개의 숫자 퍼즐 중에서 '1'을 찾는지 관찰한다.

step 4 주양육자는 영아가 '1'을 찾는 것을 어려워할 경우 손가락 하나를 펴 보이며 단서를 제공한다. 숫자 퍼즐이 아닌 숫자 카드나 시계 등 다른 자료를 제시했을 때도 숫자 '1'을 정확하게 선택하는지 살펴봄으로써 '1'에 대한 개념이 지속적으로 나타나는지 확인한다.

◎ 일상생활에서의 지도과정

간식이나 음식물을 제공할 때 혹은 놀잇감을 정리할 때 사물의 수를 세면서 숫자 이름을 반복해서 듣고 따라 말하도록 유도하면서 숫자의 이름을 익히도록 지도한다.

영아의 눈높이에 맞게 벽면에 숫자카드를 붙여 준다. 이때 숫자카드는 그림과 숫자가 일대일로 대응되어 있는 것을 사용한다(예: 사과 그림이 하나 그려져 있고 그 옆에는 숫자 1이 적혀 있는 그림카드).

◎ 고려사항

시각장애 영아의 경우는 숫자 퍼즐보다는 입체화된 숫자 모형을 사용하고, 카드는 숫자 모양이 양각화되어 만질 수 있는 것으로 활용한다.

뇌성마비 영아의 경우는 정확한 발음을 하기 어려우므로 영아 정면의 상하좌우 방향에 숫자카드를 제시하고 '1'을 찾는 질문에 영아가 고갯짓이나 눈짓으로 대답하도록 유도한다.

◎ 목표행동 성취기준

영아는 여러 개의 숫자 카드 중에서 숫자 '1'을 정확하게 골라내는 행동을 10회 시도 중 최소 8회 이상 보인다.

memo

memo

memo

저자 소개

서소정

이화여자대학교 가정관리학과 학사(B.A.)
미국 미시간 주립대학교 학사(영유아보육행정 B.S.)
미국 미시간 주립대학교 대학원 석사(아동발달 M.A.)
미국 미시간 주립대학교 대학원 박사(영유아보육 Ph.D.)
현 경희대학교 아동가족학과 부교수 및 교육대학원 유아교육전공 주임교수

장혜성

이화여자대학교 특수교육학과 학사(B.A.)
이화여자대학교 대학원 특수교육학 석사(M.A.)
미국 펜실베이니아 주립대학교 대학원 특수교육학 석사(M.S.)
이화여자대학교 대학원 특수교육학 박사(Ph.D.)
현 가톨릭대학교 특수교육과 부교수

하지영

이화여자대학교 소비자인간발달학과 학사(B.A.)
이화여자대학교 대학원 아동학 석사(M.A.)
경희대학교 대학원 박사과정 수료(아동학전공)
전 이화여자대학교 인간생활환경연구소 전임연구원 및 구립 청담어린이집 교사
현 경희대학교 아동가족학과 강사

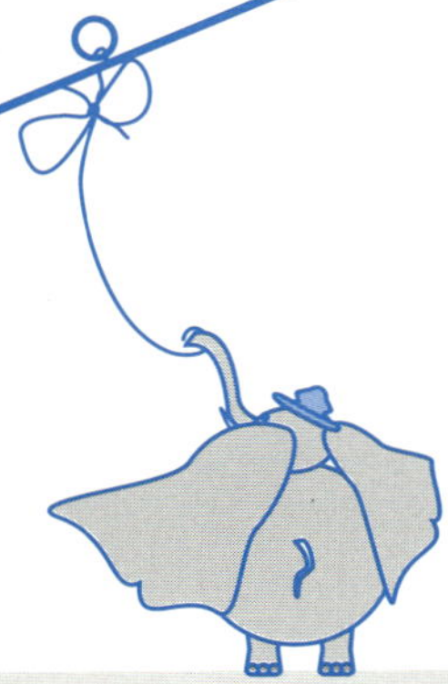

0~36개월

DEP 조기중재 교육과정 ⑥ 인지

2010년 6월 25일 1판 1쇄 인쇄
2010년 6월 30일 1판 1쇄 발행

지은이 • 서소정 · 장혜성 · 하지영
펴낸이 • 김진환
펴낸곳 • (주) 학지사
121-837 서울시 마포구 서교동 352-29 마인드월드빌딩 5층
대표전화 • 02-330-5114 팩스 • 02-324-2345
등록번호 • 제313-2006-000265호

홈페이지 • http://www.hakjisa.co.kr
커뮤니티 • http://cafe.naver.com/hakjisa

ISBN 978-89-6330-428-1 94370
978-89-6330-422-9 94370 (set)

정가 13,000원

저자와의 협약으로 인지는 생략합니다.
파본은 구입처에서 교환해 드립니다.